The First book to read if you feel anxious.

# しんどさの癒やし方

不安になったらいちばん最初に読む本

泰丘良玄
Ryogen Yasuoka

アルソス

# はじめに

僧侶の身で恐縮ですが、私はお寺が苦手で、仏教が嫌いでした。

「お坊さんがそんなこと言っていいの？」と思われるかもしれませんが、お寺の子として生まれ育った私は、僧侶の卵として育てられることに生きづらさを感じるとともに、物心ついた頃から仏教にたいしても抵抗感を抱いていたように思います。

8月のお盆の時期になったら、なかば強制的にお寺のお手伝いをさせられ、髪の毛も短く切らなければなりません。地元の学校の友人から、からかわれることも多々ありました。

そして何より、自分の道が決められていることに、窮屈感を感じていました。

そのため、本のタイトルにある「しんどさ」に観点を置くならば、子ども時代の私にとって、仏教やお寺というのは、しんどいことランキングの一位であったかもしれません。

けれども、そもそも私たちが生きるうえで必要なことというのは、おおむね初めは「しんどいもの」です。

たとえば、勉強。子どもの頃は、誰しも勉強は嫌なもので、夏休みが待ち遠しかったものです。

仕事も同様で、学生時代のアルバイトは、お金や欲しいものを手に入れるための手段として、仕方なく働いたように思います。また、新しい職場での初仕事というのは心身ともに負担も多く、何より業務を覚えるまでは誰しも「しんどい思い」をします。

また恋愛であっても、バレンタインやクリスマスに寂しさを感じたり、誰かを好きになると、それは同時にしんどさも付随するという感情を経験された方も多いかと思います。

人生を歩むうえで、「しんどさ」は避けたいものですが、実はそれは不可能なことです。生きるうえで「しんどさ」は必要不可欠であることは、あなた自身の経験からも納得できるのではないでしょうか。

そして、それを私にも実体験をとおして教えてくれたのが、仏教の教えと禅の生活でした。

講演会や法話会で、聴講者から「理工学部に進んで、なぜお坊さんになろうと思ったのか？」「僧侶になる決心がついたきっかけは？」とよく聞かれます。

その答えは、ずばり「私自身が仏教の教えに救われたから！」です。

そして、そんな素敵な教えに気づけたからこそ、美味しいラーメンを見つけると誰かに紹介したくなるように、一人でも多くの人に仏教の教えに触れてもらい、禅の教えや坐禅を体験してもらいたいというのが、私が執筆や布教活動を続ける原点です。


仏教や禅は、机上の空論ではありません。本を読んで学ぶだけでは、知識は得られても、決して幸せにはなれません。

学んだことを実践し、自分で気づくことによって初めて得られるのが、生きる智慧で、その智慧が心安らかに生きる術に繋がり、その術を説くのが仏教や禅という生き方です。

そのため、仏教や禅は、「私たちが生きるうえで、どうしたらこの悩みを解決できるのか」「悩みや苦しみを抱えたときに、どのように生きればいいのか」を教えてくれる実践的な難問解決集なのです。

この本は、私自身がさまざまな研修会や講演会、坐禅会や写経会で多くの人から受けた悩みにたいして、仏教や禅ではどのように考えて、どのようにアプローチをすれば幸せに生きられるかを紹介しています。

現代人の抱える悩みや苦しみの解決例を知ることで、不安や悩み多き日常が少しでも安らかに、楽しくなっていただければ幸いです。


話は変わりますが、海外旅行に行くと、日本の良さがわかることがあります。日本に住んでいるのだから、直接日本のことを学べるはずなのに、日本を離れて海外へ出て、少し遠回りをすることで日本について発見できることがたくさんあります。

「遠回りをする」こと、つまり違う視点からものごとを見ることはとても大切なことです。

そして、急がず、あせらず歩んでいくことが人生を幸せにする秘訣。

「そもそも、人生に近道なんてものはなく、自分の歩いてきた後に道があるだけ。

しんどいことも、楽しいことも、まるッと抱えて生きていくしかない！」

それを私に教えてくれたのも仏教であり、たとえしんどくとも親切心に溢れている禅の実践でした。

人は誰しも、必ず「仏の心」を持っています。

これは仏教の一番大切なところで、まずはそれを信じることから始まります。

そして、「仏の心」とは、「素直な心」「自分自身に嘘偽りのない心」です。

この世に生まれたときに、オギャーと泣いて
「誕生とともに一緒に出てきた心」

「人に優しくできる心」

「人に感謝の念を抱く心」

そして、「当たり前をありがたいと思う心」など、いろいろな表現や説き方をすることもできます。


ぜひとも、この本を読み進めるなかで、あなたの中に、あなたなりの「仏の心」も見出していただければと思います。

そして、その「仏の心」に従って生きることができれば、どんなしんどいことであっても、私たちは必ず自分の力で癒やすことができるようになります。

「仏の心」とともに生きれば、心地よく悩んで、楽に生きることができるのです。

私はあなたの中にある「仏の心」を信じています。どうか自分の「仏の心」に手を当てて毎日を生きてください。その生き方が、自分の元に幸せを運んでくれます。

令和7年4月

泰岳寺　泰丘良玄

# 『しんどさの癒やし方』目次

Chapter2
## 第2章 愛について心地よく悩む



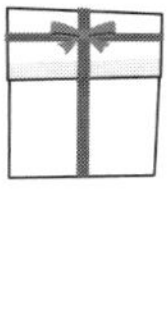

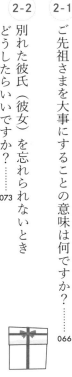

Chapter3
# 第3章
## 人間関係について心地よく悩む

Chapter4
## 第4章 お金について心地よく悩む



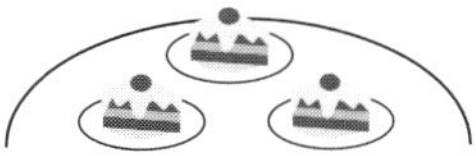

Chapter5
## 第5章 仕事について心地よく悩む

Chapter1

# 第1章

# 自分について心地よく悩む

# 1-1

## 禅でイノベーションは起こせますか？

▼

## シンプルを極めていくのが禅。
## 一瞬の閃きは、
## 愚直に突き詰めた先の中にある！

＜愚の如く、魯の如し＞

現代の私たちが、日常生活の中で手放すことができないスマートフォン（スマホ）。知っていますか。

実はこのスマホには、禅に通じる思想があるのです。

たとえば、今売られているApple社のiPhone。見た目がとてもシンプルで、無駄な装飾がない。無駄なボタンが一つもついていません。

有名な話なのでみなさんもお存じかと思いますが、Apple社の創始者であるスティーブ・ジョブズも、実は禅の教えを学んでいました。

Apple社の製品は、「シンプルさ」を重要な要素と考えています。

そして、シンプルさは、整頓すべき要素をすべて排除するミニマリズムに通じ、ミニマリズムを突き詰めると、ホームボタン1個すらも排除しようとするiPhoneのデザインに通じるのです。このミニマリズムが、禅の教えに通じます。

1970年代のアメリカ西海岸のシリコンバレーでは、IT業界のスタートアップ企業がひしめき合う中で、コンピュータのエンジニアたちは非常にストレスフルな日常を過ごしていました。

私自身も学生時代は情報工学科でコンピュータに関する勉強をし、ＩＴ業界にも多くの友だちが働いているので、そのストレスはよく理解できます。

ひたすらパソコンの画面と向き合い、プログラミングを走らせて、デバッグと呼ばれるエラーを見つける作業を繰り返す。

作業が思い通りに進まなくて、イライラすることも日常茶飯事。そして、仕事の質がひとり一人違うので、悩みを誰にも相談できないことも多い。さらには、パソコンがあればいつでも業務はできてしまうので、仕事とプライベートの区別もつけにくい。そんな日常を過ごしていると、ストレスがたまらないほうが嘘になります。

ストレスに囲まれた環境で仕事をしているうちに、ジョブズは仏教の一つの瞑想法にたどり着きます。

それが、日本では禅と呼ばれている坐禅であり、最近ではマインドフルネスとも呼ばれる坐禅によく似た瞑想法の一つでした。

その頃のアメリカでは、曹洞宗の鈴木俊隆《しゅんりゅう》老師の禅の教えが知られていました。

１９５９年に55歳でアメリカに渡った鈴木老師は、アメリカのＺＥＮにおける二人の鈴木の一人ともいわれ、世界に禅を広めた鈴木大拙《だいせつ》居士と並ぶ海外布教の第一人者です。その代表的な著書である『［新訳］禅マインド ビギナーズ・マインド』（ＰＨＰ研究所）は世界24カ国語に翻訳され、世界で最も読まれている禅の書ともいわれています。

その著書に影響を受けたのがスティーブ・ジョブズであり、彼は仏教徒であると同時に、鈴木老師や、老師によって招かれた乙川弘文《おとがわこうぶん》老師から、禅を学んだ生徒の一人でした。

二人の老師から学んだ禅の思想は、彼の経営理念、さらには彼の生き方そのものに大きな影響を与えたともいわれます。そのようなこともあって、禅僧である私もiPhoneから、禅の要素を多く読み取ることができるのです。

たとえば、普通の携帯やスマホで見られる記号や1から9の数字などのボタンが、初代iPhoneからたった一つ、ホームボタンのみになりました。

その見た目だけでも驚いたわけですが、２０１７年11月発売のiPhoneXからは、最後に残っていたホームボタンもなくなってしまいました。これがまさしく禅の教えに通じているのです。

人生を積み重ねていくと、さまざまな知識や経験が身に着きます。もちろんこれは生きていくためにはなくてはならないものです。しかし、どうしても自分の勝手な偏見や固定概念にもつながってしまいます。

禅の教えでは、身に着いた余分な知識や経験を削ぎ落していくことを大切にしています。坐禅は、身に着いた余分なもの、必要のないものを削ぎ落すには、とても有効なものです。坐禅をすることで、改めて自分を見つめ直し、凝り固まった考え方を一度リセットすることができるからです。そして、坐禅により、不要なものを削ぎ落とせば、物事の本質がより明らかになり、広い視野と柔軟な考え方を手に入れることができるようになります。

話は少し横道にそれますが、禅の修行道場に入門するときも同様です。これまでの学歴や職歴など、自分のこれまでの経歴はすべて不問とされ、自分自身を一度リセットして、ゼロからの状態で修行を始めます。

逆に言えば、誰でもこの身ひとつさえあれば、入門を許されるのが禅の修行道場です。

携帯電話のこれまでの常識や機能を今一度見直し、不要なものをとことんなくして一新したのが iPhone。それがまさに iPhone が、携帯の世界に起こした革新的なイノベーションであり、そこには禅の要素が詰まっていたわけです。

また、スティーブ・ジョブズは、スタンフォード大学の卒業生へ向けたスピーチで、「Stay hungry, Stay foolish!（ハングリーであれ、愚かであれ！）」と、名言を残しました。

禅の教えにも「愚の如く、魯の如し（愚も魯もともに、おろかという意味）」という言葉があります。「打算的な思考や恣意的な行為ではなく、頭でっかちにはならず、素直でまっすぐと愚直に生きることを大切にする」という教えです。

iPhone の登場も、当時の携帯市場からしたら「そんなバカな!?」と、一見おろかに見えたわけですが、そこからまさにイノベーションが起こり、携帯市場に革命をもたらしました。このように禅の思想には、科学におけるイノベーションのヒントがふんだんに満ち溢れているのです。

私たちは生きていると、どうしてもいろいろなものを〝手に入れる〟ことに注力してしまいます。けれども、大切なのは逆で、捨てる勇気を持つこと。

そのために、まずは自分自身を顧みて、本当に必要なものをしっかりと考えて、不要なものはきれいさっぱり捨て去っていく。そこに実は自己の成長につながるイノベーションが訪れる。

まさに禅の考えを毎日の生活の中に取り入れることで、イノベーションが起こります。さらに言えば、禅こそが我々が生きるうえで、自己のレベルを一段階も二段階もレベルアップさせてくれるのです。

ものが満ち溢れている現代だからこそ、無駄を削ぎ落として愚直に生きる禅的思考は、より多くの人に必要とされるものであると私は信じています。

# 1-2

自分はどういう人間で、

自分は何ができるのでしょうか？

▼

## 自分を見つめていくのが禅。
## 一つひとつの行いに真実がある！

<己事究明>

自分を理解するというのは、本当に難しいことだと思います。

私自身も、「自分はどういう人間なのか？」と考えるたびに、なかなか答えにはたどり着けず、おのずと暗闇に陥って、気づいたら眠ってしまっているということが、よくあります。


そもそも、誰も自分という人間を完全に理解している人はいないのではないでしょうか。そのことがわからないからこそ、私たちはとりあえず、目の前のことを一つひとつ、一歩一歩、一所懸命にこなしながら生きているのです。

さらに言えば、自分というものがすべてわかってしまったら、人生はおそらくあまり楽しくならないかもしれません。その答えを探し続けるからこそ、私たちの人生に深みや渋みが出て、唯一無二の面白いものになっていくのではないでしょうか。


自己を究明することは、禅においては、ずばり「己事究明《こじきゅうめい》」の教えです。要するに、己の事を究明していくのが禅です。

普段、私たちは外ばかりに目を向けて、自分を見ずに生きています。逆に言えば、他人さまのほうが、よっぽど自分のことを見ていてくれます。

そのため、外に向かっている視線のベクトルをクルりと180度回して、自分自身を改めて見つめ直していくことができるのが、禅の醍醐味です。

「己事究明」の考えを自社の社員教育にいち早く取り入れたのが、アメリカを代表するＩＴ企業であるGoogleです。Googleは、社員の心の健康にいち早く着目して、「Search Inside Yourself」、略してＳ・Ｉ・Ｙと名づけて、社員の心の健康を大切にしました。

そして、「心の健康」を自分自身でも管理できるように、「メンタルケア」の考え方と手法を社員教育に取り入れました。

「Search Inside Yourself」。英語を直訳すれば、まさに自分自身をリサーチしていくこと。このことを実践していくことによって、社員の心身の健康を保ち、ストレスケアに努め、働きやすい環境を実現していくことでGoogleで働く社員の満足度と業績を伸ばしていきました。

この「Ｓ・Ｉ・Ｙ＝己事究明＝自己を見つめる」というのが、まさに禅そのものであるというのは一目瞭然です。

国も文化も違う遠い企業の社員教育に、実は禅につながる思想が取り入れられていたというのは、非常にユニークであるとともに、仕事に対する向き合い方も学ぶことができる重要な要素でもあるかと思います。

そして、自分自身をしっかりとケアし、新たな一面を発見していくために禅では、「坐禅」「作務《さむ》（掃除・労働）」「読経《どきょう》（お経を読む・書く）」という仏教の基本的な行いを、とても大切にしています。

禅の言葉に「歩歩是道場《ほほこれどうじょう》」という教えがあり、「一歩一歩が自分を磨く道場」であると説きます。

道場というと、厳しい修行道場や技を習得する専門の道場など、どうしても特別な場所をイメージしてしまいがちですが、禅ではそのような特別な場所は必要としません。

私たちの日常の一つひとつの行い、朝起きたら寝具を調え、朝食を食べたらお皿を片づける。顔を洗って歯を磨いたら、洗面所を綺麗に保つ。そして、身支度を調え、時間通りに出社する。難しいことですが、これを一年３６５日を通して徹底する。それを禅では大切にしています。

私たちの一挙手一投足、身振り手振りのすべてが大切な修行の場であるのです。

そして、一つひとつの日々の行いをしっかりと修めることで、自分自身というものが実はおのずと見えてくるのです。


たとえば、実際の禅の修行道場では、何も特別なことはしていません。

坐禅や読経は、一般社会の行いと比べたら特別なことに見えますが、禅の僧侶が坐禅をするのは、会社員が会社に出勤していくのと同様に当たり前のことであり、僧侶がお経を読むのも当たり前のことです。僧侶として、日々為すべきことを決められた時間に行い、日々怠ることなく徹底しているのが修行道場の生活です。

要するに、何か特別なことをしているわけではなく、自分に与えられた責任を果たし、規則正しい生活を続けているだけです。しかし、この行いが、僧侶にとってのベストパフォーマンスを生み出す、先人たちの築き上げてきた悟りへの智慧であるわけです。

また、修行道場においては、最初は訳もわからず先輩たちの真似をして、訳もわからないまま日常がすぎていきます。

けれどもある日、トイレの便器を磨くのは実は便器を磨くことだけではなく、「自分の心も磨いているということなのかも！」という気づきを得ることにつながります。

仏教では「洗心《せんしん》」と書いて、「心を洗う」という教えがあります。

これは、掃除というのは決して目の前のものを洗って綺麗にしているだけではなく、自分自身の心も洗って綺麗に磨いていることに通じているということなのです。

たとえば、ゴミが目の前に落ちていたとします。ここで、誰かが拾ってくれるだろう、明日片づければいいだろう、とそのままにしてしまわないで、気がついたらさっと自分でゴミ箱へ捨てる。そうすることで、綺麗な場所も、そして綺麗な心も保つことができるのです。

さらに、「学《まな》ぶ」の語源は「真似《まね》ぶ」ともいわれ、勉強、仕事、家事などすべて先達者の真似をすることから始まります。

まずは、身の回りの人の真似（家事や仕事など）をしてみることで、少しずつ自然と自分の身体も動くようになり、やがてその習慣が身につき、自分を発見することにつながります。

「凡事徹底《ぼんじてってい》」

何でもない小さなことであっても、徹底して行うことに大きな意味がある。

なぜなら、それを続けていくうちに、必ず自分のやるべきこと、そして自分がどういう人間なのかを発見できるはずだから。

禅は、決して外に向かって難しいことを行うのではなく、自分を見つめ直して、目の前の当たり前のことをしっかりとまっとうしていくことで、おのずと自分自身を見つけられる実体験なのです。

# 1-3

## 日常生活でイライラをどう静めたらいいですか？

▼

## 迷いは悟りの一歩手前。
## イライラしてしまうのは仕方ないので、
## そこに留まらないことが大切！

＜煩悩即菩提＞

日常でイライラしたり、ムカムカしたり。忙しい日々を過ごしていると、どうしても「怒り」は湧いてしまいます。

私も僧侶をしている身で恐縮ですが、実は怒りっぽい性格で、昔はよく母親から「すぐイライラするのをやめなさい」と叱られた経験を思い出します。イライラしているときに叱られると、ますますイライラしてしまうのですが……。

仏教では、怒りは「三毒《さんどく》」という煩悩の根源の一つとされています。

三毒とは「貪《むさぼ》り」「怒り」「愚かさ」のことで、私たちの迷いの元は、この三つの毒のような要素から生じています。

貪りは、あれもこれも欲しいという貪欲な心。怒りは、イライラ、ムカムカの憤りの心。そして愚かさは、智慧のない行動から起こる迷いの心です。

欲しいものは数限りなくあるし、ちょっとしたことから怒りは生じるし、八つ当たりを起こして周りに迷惑をかけるなど、誰しも経験があるのではないでしょうか。

そして、これらはすべて自分の思い通りにはならないもの。だからこそ、この三毒と向き合い、その毒を持つ自分とうまく付き合っていくことを、禅では教えています。

禅の逸話に次のものがあります。

生まれつき怒りっぽいという人が、臨済宗の僧侶である盤珪禅師《ばんけいぜんじ》に尋ねます。

「私は生まれつき短気で困っています。治る方法はないですか」

すると盤珪禅師は、「あなたは生まれつき面白いものをもっているな。では、その短気を今ここへ出してくれ」と返します。

「いやいや只今はありませんが、ひょっとした拍子に出てくるものなのです」

そこで盤珪禅師は一喝。

「それならば生まれつきではないであろう。ひょっとした拍子にお前が出すのだ。自分が勝手に短気を起こしておきながら、それを生まれつきというのは、親に難題をかける大不幸ものである」

前述したように、私も怒りっぽい性格を感じていたときに、父や祖父だって怒りっぽいのだから、これは遺伝だと思い込んでいました。

けれども、このエピソードを知り、生まれつき短気であるというのは、親や祖父母、そしてご先祖さまにたいして、なんて失礼な考え方なのだと気づきました。怒りは、自分が自分で生じているもの。それをまずは認めて、しっかりと受け入れることが大切であることを、改めて禅から教えてもらったわけです。

確かに仏教では、怒りは迷いや煩悩の根源であると説きます。

しかし、同時に禅では、「煩悩即《ぼんのうそく》菩《ぼ》提《だい》」と言い「迷い（煩悩）がすなわち、そのまま悟り（菩提）である」と教えています。

要するに、迷いがあるから悟りがある。

私たちは、いろいろと悩み苦しむが、逆にその悩みや苦しみがエネルギーとなって、悟りという心安らかな日常に通じていくと説くのです。

たとえば、「お金に不自由しないために頑張って働こう！」というのは、仏教的にも素晴らしいこと。

逆に、何もせずにぼんやりと怠惰な生活を過ごすことは、仏教的にも世間的にも、幸せな生き方ではありません。

目標をもって頑張って仕事をしたり、勉学に励んだりすることは、とても素晴らしいことです。そして、その原動力になっているエネルギーの中には、他人からもたらされるネガティブな要素から生じる、貪り、怒り、愚かさなどの迷いの心があります。

そのため、イライラすることは決して悪いことではなく、それは誰しも生じるものである。それを受け入れて、その怒りにたいして自分自身がどう向き合っていくか。

それを改めて突き詰めていくのが、幸せに生きるための禅的なアプローチなのです。

では、そんなイライラにたいして、禅はどう対処するのか。

そのヒントに、禅の実践である「坐禅」があります。

坐禅では、姿勢を調えて、呼吸を調えて、心を調えるという段階を踏みます。要するに、いきなり「心を調えよ！」とは言いません。なぜなら、それができれば苦労しないからです。それができないから、私たちは、ついイライラしたり、ムカムカしたりしてしまいます。

心を心でコントロールすることは難しい。そのため、まずは行動を変えることで、心を変えていくのが、坐禅の心を静める方法です。

もし、坐禅をする時間がなければ、深呼吸をするだけでも構いません。

お臍《へそ》から指4本分の下あたりの丹田《たんでん》と呼ばれる場所を少し意識して、息をしっかりと深く吐ききる。吐ききったら、深く大きく吸い込む。これを繰り返すだけでも、イライラは自然と収まります。

人間の自律神経で、唯一コントロールできるのが「呼吸」といわれます。

たとえば、自衛隊で厳しい訓練を受けるレンジャー部隊の人たちも、極度の緊張下では深呼吸をすることで、緊張をほぐし、心を静めていると聞きます。

呼吸を調えるのは簡単に聞こえますが、実は心を静める素晴らしい効果を期待できるのです。

さらに、私が茶道教室に通っていた際に、ある先輩から次の話を聞きました。

その人は50代ぐらいのご婦人で、夫婦喧嘩をした際に、口喧嘩ではそのご主人にだいたい勝つとおっしゃっていました。

そんなとき、ご主人は仏間に行き、おもむろに般若心経をあげるそうです。聞き耳を立てると、木魚を力強く叩く音から、最初は明らかにイライラしていることが伝わってくる。

けれども、お経が終わる頃にはおのずと木魚の音は優しくなり、イライラも収まり自分の部屋に戻っていくとのことでした。

怒りを静める方法として、お経のご利益というものを、改めて私も教えられた瞬間でした。

坐禅に限らず、マラソンやウォーキングなどの運動で、イライラを静める方法もたくさんあります。

深く一定のリズムで呼吸をする呼吸法は、実はスポーツ選手のガムを噛みながらプレーをするのに通じます。一定のリズム運動を行うことで、副交感神経が活性化されて自律神経が調い、心を落ち着かせることができ、ベストパフォーマンスにつながるのです。

アニメでも人気を博し、室町時代に実在した頓智《とんち》で有名な一休さんの名言。

「気にしない、気にしない、一休み、一休み」

気にしたってしょうがない。

自分以外のことは、自分では変えられない。

まさに、イライラしても気にしすぎず、一休みでもして気分転換をしていく。すると、おのずと怒りも静まってくる。そこに、イライラを静める禅の答えがあるのです。

# 1-4

健康を保つための秘訣はありますか?

仏教では食事をどのように捉えていますか?

▼

## 規則正しい生活をするとこで、
## 体も心も調えられる。
## 朝はお粥を食べるべし!

<一日一日を丁寧に生きる>

実は「健康」という言葉を世に広めたのは、江戸時代に活躍した禅の僧侶である白隠慧《はくいんえ》鶴《かく》禅師であるといわれています。

それまでは「養生」という言葉を使っていたそうですが、心身の健康と坐禅の瞑想をつなげたのが、白隠さんでした。

なんと白隠さんは厳しい修行をし過ぎて体調を崩してしまい、うつ状態にもなってしまいます。

そんな折に、ある坐禅につながる瞑想法を実践したところ、心身ともに健康な状態になって、無事に修行に戻れるぐらい回復できたと伝えられています。

白隠さんは自分の身を呈して、坐禅の実践によって健康を取り戻したわけです。

残念ながら健康の秘訣については、仏教の教えのなかで、ずばり説いてはいません。

しかしながら、仏教の教えを実践すると、おのずと健康に通じているものが多々あります。

たとえば、修行道場では睡眠時間を削られて、先輩方にもよく叱られるため、非常にストレスフルな生活を強いられます。

しかしながら、不思議と風邪をひいたり、体調を崩したりということは、俗世間の生活に比べて少ないように思います。

その秘訣の一つに考えられるのが、規則正しい生活。

修行道場は、毎日の一つひとつの時間がすべて決められており、徹底して時間割通りに動きます。

起床の時間から就寝まで、しっかりと定められており、季節による多少の違いはあるものの、その時間通りに一年365日を過ごしています。

お経を読んだり、坐禅をしたりというのは、一般の人に比べたら特別なことかもしれません。

けれども、僧侶がお経を読むことや、禅僧が坐禅をするのは当然で、いわば当たり前のことです。

そのため、実は何一つ特別なことなどしておらず、当たり前のことを繰り返し行っているのが、修行道場の生活です。

そしてそれがつまるところ、悟りへの近道であり、日常生活のベストパフォーマンスにつながっているのです。

同じようなことが、アスリートの世界では「ルーティーン」として確立されています。ある野球選手は、バッターボックスに立つときに必ず同じ仕草をしていました。その理由は、ヒットが打てるから。すなわち、ベストパフォーマンスにつながるからです。同様に、あるラグビー選手は、ラグビーボールを蹴る際に必ず同じポーズをしていました。この理由もゴールが決まり、やはりベストパフォーマンスにつながるからです。要するに、ルーティーン＝「繰り返し同じ行動をすること」は、運動において幸せな結果につながるわけです。

そしてこれはアスリートやスポーツ選手のみのことではなく、一般人でもルーティーンを持つことは必ずできます。

それがすなわち、日常の規則正しい生活です。

必ず同じ時間に同じ行動をする。必ず決まった時間に起きて、決まった時間に寝る。

この当たり前のことを当たり前にまっとうすることが、私たちの日常のベストパフォーマンスにつながるわけです。

実は、私はアレルギー体質で、喘息持ち。幼少期はアトピー性皮膚炎にも悩まされてきました。

しかしながら、修行時代は喘息が発症することもなく、皮膚炎に悩まされることもなく、風邪も不思議とひくことはほとんどありませんでした。

病は気からといいますが、まさに規則正しい生活が気持ちを調えることで、おのずと身体の調子も調えてくれていたように思います。

健康を保つためには、何も特別なことをする必要はなく、日常を規則正しく生きることで、私たちのベストパフォーマンスにつながるのです。

また禅の修行道場では、毎朝お粥を食べますが、これが実は健康を保つことにもつながります。

禅では「粥有十利《しゅうゆうじゅうり》」と呼ばれ、お粥には十の功徳があるとされています。

①「色《しき》」――身体の色つやが良くなり
②「力《りき》」――気力が増し
③「寿《じゅ》」――長寿となり
④「楽《らく》」――食べ過ぎにならないため身体が安楽で
⑤「詞清辯《ししょうべん》」――言葉が清く爽やかになり
⑥「宿食除《しゅくじきじょ》」――胃もたれや胸やけもせず
⑦「風除《ふうじょ》」――風邪をひかなくなり
⑧「飢消《きしょう》」――消化がよく飢えを消し
⑨「渇消《かつしょう》」――のどの渇きも消し
⑩「大小便調適《だいしょうべんちょうてき》」―便通も良くなる

以上の十通りの利点が、お粥を食べることによって得られるわけです。

私自身も実際に今でも、朝はお粥もしくはお茶漬けのような、ご飯と汁物を合わせたものをいただいております。

恥ずかしながら朝が弱い人間なのですが、そんな私でも朝食を美味しくいただくことができ、体調も崩しにくいです。

朝は喉が渇いていることも多いので、お粥はのど越しがとても爽やかで、喉も潤されます。また、消化もいいので、その後すぐに身体を動かすこともできます。

「毎朝決まった時間にお粥を食べる」というルーティーンは、今のところ私も実践している、禅的な最強のルーティーンです。

健康を保つ秘訣に、ぜひお試しいただきたいと思います。

そして何より、仏教において食事というのは、他の命をいただく行いです。

「いただきます」と「ごちそうさま」は、「あなたの命をいただきます」「あなたの命をごちそうさまでした」という「あなたの命を」というのが省略された言葉でもあります。

そのため、感謝の気持ちを持って行う大切な修行。

これが仏教における食事の捉え方です。

他の命をいただくことによって、生かされている自分の命に気づく。

自分の身体というのは、他の命の移り代わりによって成り立っている。

食事は、それに気づくことができる大切な機会です。

生かされていることに気づくことで、おのずと感謝の念を忘れることなく、常に謙虚に生きることができるのです。


最後に、食事は命をいただくとともに、心身を調える修行の一つです。

食事も禅の修行であると考えて、毎食しっかりと丁寧にいただくことが大切です。

禅の修行道場の食事は、私語厳禁。いただく順番や器や扱い方や箸の持ち方まで、すべてが徹底的に決められており、好ききらいなども決して許されません。

出された食べ物はすべて食べきらなければならず、最後にはお茶やお湯を器に入れて、器についている食べかすを洗い落として、それらもすべて飲み干します。

それぐらい、綺麗に丁寧に食べ切ることを徹底しているのが、修行道場の食事作法です。

普段の生活においては、食事は家族団欒の場でもあるので、それらを強いることはできません。

また、懇親会や会食の場では、お話しをしながらの食事をしなければいけないシーンもあります。

そのため、毎回修行道場のように徹底する必要はありませんが、食事も自分を磨くための一つの大切な修行であるという気持ちは、頭の片隅に置いておいて欲しいと思います。

食事の機会は、一日三回は訪れます。

人間は食事をしなければ、生きていくこともできません。

だからこそ、ぜひとも心と体の健康につながるすがすがしい食事を、毎日楽しんでいきましょう。

# 1-5

## 自分のやりたいことを見つけるには、どうしたらいいですか？

▼

**結果ではなく、過程を大事にする。**
**挑戦を続ければ、**
**必ずやりがいを見つけることができる！**

＜七転び八起き＞

仏教において大切にしているのは、結果ではなくて過程です。

そのため、仏教では最終的な成功や失敗というものは、あまり重要としていません。

要するに、物事にたいして、やるか、やらないか。挑戦するか、しないか。何事もまずはやってみることと、その過程で得たものをとても大切にしています。


最初から自分のやりたいことを見つけている人は、おそらくほとんどいないでしょう。

たとえば、テレビやインターネットなどの情報を見て、そこから自分のやりたいことを発見できれば苦労はありませんが、やはりそれだけで自分のやりたいことを発見することは難しいでしょう。

だからこそ、何事もまずはやってみる。

自分で実際に経験してみることで、やっとそれが自分のやりたいことであるかどうかを発見できるのではないでしょうか。


禅の言葉に「門より入るものは家珍《かちん》にあらず」という教えがあります。

どんな立派なものであっても、自分の外側から入ってきたものは宝物にはならず、借り物にすぎないという意味です。

最新の情報であっても、とても立派な物であっても、賢い知識であっても、自分自身で得たものでなければ、かけがえのない大切なものにはなりません。

誰かから貰ったり、外から持ちこまれたものは、いずれまた失われる日がきます。

苦労して自身で手に入れた情報、頑張って働いて自分のお金で買った物、一所懸命に勉強して修得した知識は、必ず自分の身となり、おのずと大切にもします。

外から見たり、聞いたり、感じるだけでは、決して得られないものがある。

だからこそ、何よりまずは経験して、自分自身で気づいたことに、仏教や禅は重きを置いているのです。


そのため、やりたいことを見つけるには、まずはやってみること。

いろいろと挑戦していくうちに、少しずつ見つけていくもの。

自分自身で経験することで、初めて自分の本当にやりたいこととして、自身で納得することができます。

やりたいことは見つかるのではなく、やっていくうちに気づいていくしかないのです。

同時に、仏教や禅では失敗という経験をとても大切にしています。

七転び八起きという言葉があります。何回失敗しても、それに負けず、また勇気を奮い起こすこと、人生には浮き沈みが多いという意味で使われます。

「不撓不屈《ふとうふくつ》」の精神として気持ちの高ぶる言葉でもあり、この言葉は「八起き」の起き上がる部分に注目してしまいがちですが、禅で注目するのはそうではなく、「七転び」の転ぶ部分です。

転ぶことなくして、起き上がることはできません。

要するに、失敗をしなければ、成功することもあり得ないわけです。

たとえば、運動会の徒競走やリレーなどのシーンで、一所懸命に走っている子どもたちがいます。

その走っている子が、いきなり転んでしまったら……。

その子は痛いながらも、頑張って自分の力で立ち上がり、再び諦めずに走っていきます。

その姿に、観客や大人たちは感動をして、より応援も沸くことでしょう。

私たちの人生においても、これと同じことが起こり得ます。

一所懸命に頑張っていても、ふと足元をすくわれて転んでしまう瞬間があります。

はたまた全然うまくいかず、スタートを失敗して出遅れてしまうかもしれません。


けれども、そんな転倒があるからこそ、私たちは頑張って立ち上がる機会を得ることができます。

そしてそれは、自分自身の力で立ち上がるからこそ意味があり、そこに成長が生まれます。

周囲の仲間たちもそれを見て、応援をしてくれたり、感動もしてくれます。

そのため、七転び八起きの教えというのは、八回起き上がることも大切なのですが、まずは転ぶことがとても大切なのです。


そして人は、転ぼうと思っても、なかなかうまく転ぶことなどできません。

転ぶ瞬間というのは、一所懸命に頑張っているからこそ、転ぶことができるのです。

だからこそ、まずは頑張ってやってみる。

失敗することなどを恐れずに、まずは自分が経験してみることに、とても大切な意味があるのです。

たとえ失敗しようとも、自分で立ち上がる力を、必ず誰しも持っているのですから。


自分のやりたいことを見つけるのは、簡単なことではありません。

そもそも自分自身が何者なのかを、しっかりと把握している人はいません。

だからこそ、自分自身のこともあまりわかっていないのに、自分のやりたいことを見つけるのは大変でないはずがありません。


「余命1カ月なら何をしますか」という質問も、誰しも考えたことがあるのではないでしょうか。

自分の命があと1カ月とわかったら、「自分のやりたいことをしたい！」。

けれども、その「やりたいことが何なのか」を、今ははっきりとわからない。

私自身も残り1カ月の命と言われても、すぐにこれがやりたいとは、なかなか出てきません。

キリスト教の宗教改革を行ったマルティン・ルターは「たとえ明日、世界が滅亡しようとも、今日私はリンゴの木を植える」という言葉を残したといわれています。

もし明日に地球が滅びるなら、おそらくリンゴの木を植えても実は成るどころか、誰もそのリンゴの実を食べることすらできません。

けれども、そのリンゴの木を植える。実が成ることを望む。美味しいリンゴを食べられるように夢見る。そのために、今できることを精一杯行う。たとえ明日世界が滅びようとも…。

このルターの志から、学ぶべきことは多いと思います。

たとえ自分の命が残り1カ月だとしても、今の自分がやるべきことは変わらないのかもしれません。

朝食をつくって、ご飯を食べて、洗濯をして会社へ向かう。家事をして、掃除をして、家の中を調える。これは何か成果をあげたり、大きな目標を達成するものではありません。

けれども、今自分ができることを、しっかりとまっとうすることに、とても大きな意味があります。

たとえ世界が滅びようとも、世のため人のために、自分自身を尽くしてみる。

そうすれば、自分自身が必ず善い経験をしていますし、おのずと自分の心も安らかになっていくから。

成果や結果にばかり目がいってしまう現代社会だからこそ、その過程を楽しむことを改めて大切にしてきたいものです。


自分のやりたいことを見つける旅。

その旅路で回り道をしているうちに、ひょっとしたら面白いことを発見できるかもしれない。

失敗を恐れず、気楽な気持ちで一歩を踏み出していくからこそ、その先に必ず自分のやりたいことに気づくことができるのです。

# 1-6

## 人は何のために生きるのですか？

▼

## 浮き沈みがあるから人生は面白い。<br>上り坂も下り坂も、<br>それぞれの楽しみがある！

<いただいた命をしっかりと使い切るのが使命>

人生の意味や、自分の存在価値など、誰しも一度は考えたことがあるのではないでしょうか。

「自分は何のために、この世に生まれてきたのだろう?」
「自分が死んだら、この世界はどうなるのだろう?」
「そもそも、人が生きる意味ってなんだろう?」

世界には数多くの宗教が存在しますが、仏教も含めて、このテーマと向き合わない宗教はありません。

仏教の創始者であるお釈迦さまも、このテーマを追い求めて、修行に励みました。

王族の王子として生まれたお釈迦さまは不自由のない環境のなかで、心の不自由を感じます。

それが出家を志した際の「四門出遊《しもんしゅつゆう》」のエピソードです。

お釈迦さまが王城にいたとき、東門から出ようとすると杖にすがる老人に出会い、誰しもいつかは老いることを知り、老いの苦しみに悩みました。

次に、南門から出ようとすると、今度は病に苦しむ病人に出会い、誰しもいつかは病に倒れることを知り、病の苦しみに悩みました。

さらに、西門から出ようとすると、死人が運ばれるのを見て、生があれば必ず死があることを知り、死の苦しみに悩みました。

そして最後に、北門を出ようとすると、修行を積んだ徳の高い修行者に出会い、その心安らぐ姿を見て、出家して修行の道を歩むことを決意しました。

この四門出遊のエピソードから、私たちには生まれた瞬間から、決して逃れることのできない老・病・死の苦しみがあることがわかります。

この「逃れられない苦とともに生きねばならない」というのが、人が何のために生きるかにつながります。

なぜなら、人はどうしても、このどうしようもならない苦しみに抗おうとして、より苦しんでしまうからです。

たとえば、病気になると、「なぜ自分が病になるのだ？」と、健康な人と比較したり、過去の元気な自分と比べて、病にたいして不満を募らせます。

また、老化によって美しさが保てなくなると、それに思い悩むことも増えます。綺麗な人と比べて自分の醜さを憂いたり、老化に抗って思い通りにならないと怒りを感じたりします。

本来は、綺麗になることで楽しく生きることが目的であったのに、美しさに執着してしまうと、気も心も休まらない楽しくない日々を過ごすようになり、本末転倒に陥ります。最後に、死というものは受け入れ難く、何とかして逃れようと抗うことで、ますます苦しい思いをしてしまうこともあります。

逃れられない苦しみにたいして、その苦しみから逃げたり、自分勝手にその苦しみを変えようとすると、結局思い通りにならず、人は不幸に陥ってしまいます。

そのため、生きるうえでは老・病・死の苦しみからは逃れられない。これをまずは受け入れること。

この変えようのない事実にたいして、心から納得することが、人が幸せに生きるうえでは必要不可欠なのです。

禅の世界では、坐禅を始める際に、四の五の言わずに黙って坐りなさいと言われます。修行道場で、「何のために坐禅をするのか」といった坐禅をする目的など決して教えてくれません。

訳もわからず、まずは坐ってみる。そうすると、不思議と心がスッとして、リラックスする感覚に出会える。悩みごとが明確になって、少し気分が楽になったりする。集中することができて、問題の解決につながっていくなど、何かしらの効果や結果は後になってついてきます。

人が生きる意味も同様で、何かしら最初から目的を持って生まれてくる人はいません。知らないうちに親から命をいただいて、オギャーと生まれて、気づいたら生きているのが、私たちのスタートです。

そのため、自分がこの世に生まれてきた意味など、はじめはまったくありません。

けれども、自分が生まれたことによって、この世界に変化は必ず生じています。

自分が生まれたことで、親や親族は幸福を感じます。

親切にしてあげた人が、幸せを感じる瞬間が必ずあります。

自分がご縁をもった人が、何かしらの変化を生じた瞬間も必ずあります。


自分は何のために生きたかどうかは、自分がこれまで関わってきた人やご縁をもった人たちによって、おのずと後から現れてくるものなのです。

何かのために生きるのではなく、生きたからこそ何かしら変化が生じる。

であるならば、周りに善い変化をもたらすために、自分が善い生き方をしてみる。

これがまさに仏教の因果応報の教えに基づいた、私たちが善く生きる意味であるのです。


禅の言葉に「百尺竿頭《ひゃくしゃくかんとう》一歩を進む」という教えがあります。

百尺の長さもある竿を登りきった先に、さらに一歩を踏み出すことが大切であるという意味です。

目的をもって進み続けて、その目的が達成されると、人は満足を得て、そこにとどまってしまいます。

いつまでも過去の栄光に捉われて、それ以降成長できずにいるのと同じです。

そうではなくて、一つの目的地に安住するのではなく、いつまでも新たな目的を追い求め続ける姿は輝いて見えます。

一つの答えに満足せずに、自問自答し続けることが、心安らかに生きる術なのです。

昨今では、自己肯定感を高めることもよくいわれますが、これは少し怖い言葉でもあります。

もちろん自己肯定感が高いに越したことはありませんが、そこに満足し続けてしまうと、人の成長は止まってしまいます。

そして、この世は変化し続けることが真理ですから、一つの所にとどまってしまうと、その変化に対応できず、自己肯定感が損なわれるときが必ず訪れてしまいます。

そのため、自己を常に見つめ続けて、そこに決して満足しないこと。

常に、自己肯定感を求め続けることが、まさに自己肯定感を得られる唯一の方法なのです。

自己肯定感が低いことを、過度に思い悩む必要はありません。

それは逆に言えば、自分のことを見つめ続けることができている証拠です。

そもそも、人に優劣など決してありません。

怠惰に生きることに魅力はないですが、懸命に生きていれば、その人は充分に魅力的です。


命を使うと書いて「使命」

すなわち、このいただいた命を使い切ることが、私たちの使命です。

禅の名僧である山本玄峰老師は「人にたいしては親切、自分にたいしては辛切、法にたいしては深切」と説きました。

人には優しく、自分には厳しく、教えをしっかりと学び続けることが大切であるという意味です。


自分の命はいただきもので、自分のものと思うことすら烏滸《おこ》がましいこと。

だからこそ、私たちはこの命を、しっかりと使い切らねばならないのです。

自分の命を使い切った先には、必ず周りに変化が生じて、自分が生きた証《あかし》が残りますから。

人生の道中で重い荷物に遭遇したら、それを避けるのではなく、よっこらしょと担いでいくぐらいの生きざま。

そうするとおのずと、その荷物も軽く感じられるぐらいに、自身も成長していることでしょう。

そんな心のフットワークも軽くして、常に心地よく生きていきたいものです。

Chapter2
# 第2章
# 愛について心地よく悩む

# 2-1

ご先祖さまを大事にすることの意味は何ですか？

▼

## 自分の命のルーツを辿る。
## ご先祖さまを見ることは、
## 自分自身を知ること！

<恩を知って恩に報いる>

ご先祖さまを大事にすることの意味は、ずばり自分の命を大切にすることとです。なぜなら、ご先祖さまが自らの命のルーツだから。切っても切れないご縁というのは、まずは両親であり、祖父母であり、そして、ご先祖さまであるからです。

そもそも、自分のご先祖さまの数を数えたことはありますか。

たとえば、両親は2人、祖父母は4人、曾祖父母は8人と、ご先祖さまは一代遡るごとに、倍々で増えていきます。

そのため、自分のご先祖さまをｎ代遡るとすると、2のｎ乗がご先祖さまの数。さらに、その合計がご先祖さまの総数になるので、さらに2倍をして2を引けば合計がでます。

これを計算していくと、10代遡ると約2000人、20代で約2000万人、30代で20億人、33代まで遡ると約80億人となり、現在の地球の人口を超えます。

ここで1代が約30年と考えると（約30歳で最初の子どもを産むとすると）、33代で約1000年が経ちます。

要するに、たったの1000年遡るだけで、現在の地球の人口以上のご先祖さまが、自分には存在していることになります。しかも、その中の誰一人として欠けてしまうと、今の自分は存在していません。

ただの一人も欠かすことはできず、しかも、自分の命のルーツは、1000年どころではありません。2000年、3000年、4000年と、脈々とつながって続いてきた命の結晶が、今の自分の命であるわけです。


仏教には、「恥は知るもの、恩は着るもの」という言葉もあります。

言葉の通り、「恥というものは人生を経験しながら知っていく」ものです。

それにたいして、恩というものは着ているものだから、生まれたときから既に背負っていて、それは脱ごうにも脱ぐことができるものではない。自分が存在している瞬間から、恩というものは強制的に自分の身に着いているものであるという教えです。


それを一番身近に教えてくれるのが、ご先祖さまの存在です。

そのため、ご先祖さまの恩というのは、生きている時点で既に着ているものですから、自分が存在している以上、もはや蔑《ないがし》ろにはできません。

ご先祖さまを大事にすることの意味は、まさに今の自分の命そのものを大事にすることであり、そもそも大事にせざるを得ないということです。

すなわち、ご先祖さまを否定するというのは、自分をも否定するということ。なぜなら、ご先祖さまがいなければ、今の自分は存在しないわけですから。

今息をしている、今何かを見ている、今脈を打っている――これはすべてご先祖さまからのいただきものであり、だからこそ大事にせざるを得ないのが、ご先祖さまという存在なのです。

仏教では、「四恩《しおん》」と言って、四つの恩を大切にするように説きます。

この四つとは、「父母《ふぼ》の恩（両親及びご先祖さまの恩）」「衆生《しゅうじょう》（身の回りの生きとし生けるもの）の恩」「国王《こくおう》（土地やその国家）の恩」そして「三宝《さんぽう》（仏さまと仏教の教えとそれを信じる人）の恩」です。

父母の恩は前述した通りの、自分には数えきれないほどいるご先祖さまからいただいた命です。

それと同時に私たちは、何かしらの命をいただいて生活しています。ご飯を食べるときには生き物の命、服を着るときには植物の命、そして仕事するうえでは機械や金属などの物質すべて。そういった身の回りの恩によって、私たちは生かされています。

また、今自分の家がある土地や、それを守り保証してくれる国家がなければ、そもそもその場所で生活していくことはできません。

最後に、そういった恩の大切さを我々に教えてくれるのが、仏さまや仏教の教えやそれを信仰する人たちからいただく恩です。

これらの四つの恩を大切にしましょうというのが、四恩の教えです。


恩を大切にすることは、同時に自分自身を大切にすることです。

「恩」という字は、「原因の因に心」と書きます。すなわち、自らの原因、物事の因果を知っていく心が恩という字にも表れています。

そのため、恩を感じるというのは、自分のルーツを感じるということ。自分が今この状況に居ることの原因。自分が今この家族と一緒にいることの原因。そして自分の命が今ここにあることの原因。

そういった因果応報を見つめていくことが恩であり、その恩を感じることで、私たちは多くの愛をいただいて生きてきたことを知り、心温まることができるようになります。

自分はこんな多くの人や物に生かされてきたのだと感じることができれば、おのずと心も安らかに、ホッコリとする境地を味わうことができると思います。

また、禅の語録である『臨済録』では「恩を知って方《まさ》に恩に報ゆることを解す」と説きます。これは要するに、「恩を知ってこそ、はじめて恩に報いることができる」という教えです。

私たちは、まずは恩を知ること、この恩に気づくことが、なかなかできません。けれども逆に、恩を知ることさえできれば、おのずと私たちはその恩に報いる行動ができます。

この理由は、私たちの心には、必ず仏の心である「仏心」が備わっているからです。

誰かに助けられたらおのずと「ありがとう」という言葉が出ます。誰かが目の前で倒れたら、即座に「大丈夫ですか」と助けの手を差し伸べます。

これらはすべて、誰しもに必ず仏心が備わっているからこそできることなのです。

誰かから教わったからとか、そうすれば見返りを貰えるからといった理由ではなく、生まれたときから私たちがおのずと携えている仏の心の働きなのです。

だからこそ、恩を知るということ自体がとても大切であり、その自らの着ている恩に気づく最善な方法が、実は「ご先祖さまを大事にする」という行為なのです。

お墓参りに行く、ご先祖さまのお参りをする、そして手を合わせる。感謝を行動に移すという行為がいかに大切であるか。

また、セルフ・コンパッションと呼ばれる「自分を大切にすること」が、今注目されています。

だからこそ、禅はその大切さを、ご先祖さまを大事にするという行動と、そこから感じる実体験から、私たちに気づかせてくれているのです。

ご先祖さまを大切にすることで、人に優しく、自分を大切にできる、心豊かな日常へつなげていきましょう。

# 2-2

## 別れた彼氏（彼女）を忘れられないとき
## どうしたらいいですか？

▼

**出会いは人生を豊かにし、**
**別れは人生を深くする。**
**事実を受け入れて、行動を変える！**

＜出会いも別れも、すべてご縁＞

別れはもちろんつらいものです。それが愛する人や自分が大切に思っている人であったのなら、それは尚更《なおさら》のこと。

大好きだった人だからこそ、別れてしまった後に、その人のことを忘れるというのは、とても難しいことだと思います。

そもそも、彼氏（彼女）や恋人のことを忘れる必要はあるのでしょうか。

実は仏教でよく唱える「ご縁」というものは、出会いだけではなく、別れることも大切なご縁であると説きます。

ご縁というとどうしても、いい出会い、自分にとって都合のいい関係の構築ばかりをイメージしてしまいますが、自分に嫌な出会いであったり、好きな人との別れというのも、すべて大切なご縁であると、仏教では説いているのです。

ご縁というものは、自分が選べるものではありません。自分都合でどうこうできる、コントロールできるものではありません。

ご縁は天から降ってくるもの。それを選ぶこと自体が、実はおこがましいことですし、出会いであろうが別れであろうが、すべてを受け入れていくのが、仏教のご縁に対する考え方です。

逆に言えば、自分ではどうしようもならないご縁を、自分都合で何とかコントロールしようとするところに、実は苦しみが生まれてしまいます。

なぜなら、それは自らの力でコントロールできるものではないから。ご縁を自分の思い通りにすることはできません。自分自身はコントロールできても、他人をコントロールすることは、自分の力の及ぶ範囲外のことになります。

ご縁は、すべていただきものです。そのいただいたご縁に、自分勝手なフィルターをつけるのではなく、あるがままをそのままに受け入れていく先に、必ず心の平安が訪れます。

もちろん急な別れは、とても寂しいもの。その寂しさを抑えるには、まずは時間が必要です。

ですので、忘れられないときは、無理に忘れようとする必要もありません。

なぜなら、そんなことをしても、決して忘れられないからです。

たとえば、その忘れられない人とのＬＩＮＥのトーク履歴を非表示にしたとしても、それは逆にその人のことをまだ意識していることであり、すべて消してしまおうとしたら、後悔が残るかもしれません。

仏教では、その苦しみや悲しみを否定せずに、まずは真っ向から向き合うことを大切にしています。

その人のことを振り返りたかったら、とことん振り返る。悲しかったら、とことん悲しみ、泣きたかったら素直に泣く。怒り、苦しみ、悲しんで、自分の気持ちにまずは正直に、徹底的に真正面から向き合うしかないのが、実は禅の考え方です。

さらに、仏教では「愛」も「愛着」と言い、執着の一つであるとともに、迷いであると考えます。

執着というのは、字のごとく、「しつこく執りつく」という意味なので、べったりと粘り気があって、取りはがすのもなかなか難しい。だからこそ、それを剥がすには時間がかかります。

けれども、ゆっくりと時間をかけて、温かいお湯に浸すように丁寧に剥がしていけば、傷つけることなく必ず綺麗に剥がせますし、自分を大切にすることができます。

そして何より、なかなか忘れられないときに効果的なのが、やはり坐禅です。別れた人のことをずっと考えていては、なかなか剥がすことにつながりません。

そんな時には、意識を変えるために行動を変える。

何か他のことをやってみることが大切です。

その一つが坐禅であり、他にはスポーツでも、旅行でも、食べ歩きでも、買い物でも何でも構いません。まずは、行動を変えることで、自分の意識、強《し》いては心を変えられるようになります。

たとえば坐禅をする際には、姿勢を調えて、呼吸を調えて、心を調えましょう、と説きますが、いきなり心を調えましょうとは言いません。

なぜなら、それができたら苦労はしないから。それができないから、私たちはイライラしたり、ムカムカしたり、その人のことが忘れられず根に持ってしまうわけです。

心を心でコントロールすることはとても難しいことです。だからこそ、坐禅でも、まずは行動を調えることで、心を調えていくことにつなげているわけです。

なぜなら、心と体は一つだから。これを禅では「心身一如《しんしんいちにょ》」といい、心と体は一体であり、一つであると説くのです。

緊張したら変な汗が出たり、お腹が痛くなるのもこれと一緒です。であるからこそ、それを逆手にとって、行動を調えることで、心を調えていくことをしているのが坐禅です。

この坐禅と同様に、スポーツをすることで、行動を変えて、心を変えることにつなげます。旅行や食べ歩きや買い物をすることで、自分の心を変えていきます。

私たちの心と体はつながっているからこそ、自らの行動を変えることで、心を必ず変えていくことができるのです。

さらには、私が好きな教えに「人生は出会いによって豊かになり、別れによって深くなる」というものがあります。

人は人と別れることで、人生に深みを増していく。ですので、無理に忘れる必要もなく、自らの根の一部として、しっかりと残してもいいと思います。

人は別れによって、自らの根を奥深く大きなものにすることができる。そうすることで、大木のように根を伸ばし、なかなか倒れることもなく、力強く立ち続けることができるようになります。

大切な人との別れはつらいものではあったけれども、それは自分の根を深くしてくれる意味のあるものでもあった。そう思えるようになるためにも、まずは執着の一つである愛着を剥がすために、坐禅や別の行動などを日常に取り入れて、行動を変えていきましょう。そうすることで、おのずと気持ちの整理をつけることができるようになります。

そして、それは自分の人生の深みとなり、自らをよりアップデートした、一回りも二回りも強くなった自分になることができるのです。

出会いもご縁、別れもご縁。それにあらがうことなく、すべてをまるっと受け入れていく。そのご縁には必ず意味があったと信じて。秋風がすがすがしく吹き抜けていくように、心地よく全身で悩んでいきましょう。

悩んでいるあなた自身は、必ず輝いているのですから。

# 2-3

子どもが不登校で困っています。

どうすればいいですか？

▼

## 子どもに寄り添って、不登校の原因を共有する。
## 人は誰しも、唯一無二のかけがえのない存在！

＜柳は緑、花は紅＞

わが子の成長はとてもほほ笑ましく嬉しいものです。

誰しも親になれば、自分の子の幸せを願いますし、子どもには強く、逞しく、そして美しく生きて欲しいと願うのではないでしょうか。

親子の愛はかけがえのないものですし、子が生まれた瞬間から、強固な絆として結びついているのが親子関係です。

そんな大切な子どもが不登校になってしまったら、やはり親としては思い悩むと思います。

私も二人の子を育てる親であり、ＰＴＡの役員なども預かっているので、さまざまな問題に直面します。

子どもが不登校で困っているという問題を仏教的に見ていくと、やはり「誰が何にたいして困っているか」を考える必要があります。

たとえば、親が子の不登校に対し、周りからの見られ方や、親自身の見栄で悩んでいるのであれば、それは親のエゴであり、自分勝手なわがままと言わざるを得ません。

仏教では、自分が良ければいいというわがままな自我を戒めています。人の目線や尺度によって、自分の価値を決めつけて、それに流されてしまうことは迷いを生むと説きます。禅においても、自分を見つめることに重きを置くため、人からの価値観に惑わされてはいけないと説きます。周りの意見や評判は、自分ではどうしようもできないこと。それに振り回されることは意味を成しません。

不登校だから親の育て方が悪いとか、不登校になって可哀想という意見に惑わされてはいけません。

お釈迦さまも修行中にさまざまな誘惑を受けますが、それを相手にせずに修行に励んだと伝えられます。降魔成道《ごうまじょうどう》ともいわれ、いろいろな誘惑の魔の手が、坐禅を続けるお釈迦さまを襲いました。

けれども、周囲の誘惑は戯言《たわごと》であると、しっかりと自分を見つめた先に悟りを得て、永遠の安楽を手にいれました。

人の価値観に惑わされることは「慢心《まんしん》」というわがままな心の表れでもあると、仏教は説きます。

そのため、子どもの不登校にたいして、周囲の評判に悩んでいるのであれば、それはまったく気にしなくていいことなのです。

ただし、子ども自身が学校に行きたいのに行けなくて困っているのであれば、それはしっかりと向き合う必要があります。

仏教は原因と結果から物事が成る「縁起《えんぎ》（因果）」こそ真実であり、この世はすべて「因果応報《いんがおうほう》」であると説きます。

要するに、現在の結果には、必ず何かの原因があります。

「学校に行けない原因は何?」「今何に困っているのか?」「何が苦しいのか?」など、つらい思いをしている子どもに寄り添うことが大切です。

仏教は、「慈悲《じひ》」の宗教でもあり、慈悲とはすなわち「他を慈しみ、共に悲しむ心」です。「抜苦与楽《ばっくよらく》」ともいいますが、「苦しみを抜いて、楽しみを与える」のが慈悲です。

子どもが苦しんでいるのであれば、その苦しみを抜いてあげるのが親の慈悲です。

そのためにまずは、苦しんでいる子どもに寄り添って、共に悲しむ。そして、その苦しみの原因を紐解いて共に悩むことで、少しずつ苦しみを抜いていく。

時間はかかりますが、親子の心は生まれたときから通じているので、それを信じて、子どもに寄り添ってあげて欲しいと思います。


その悩みに寄り添った際に、たとえば、子どもが、「あの子は足が速い」とか、「あの子はすごく勉強ができる」など、人と比べて劣等感を感じているのであれば、そんな比較する必要は一切ないと伝えてあげましょう。「あなたにはあなたにしかないものがあるし、あなたは他の人に比べて一番のものを持っている。そして、それはみんな持っているのだ」と。


禅の言葉にも「柳は緑、花は紅《くれない》」という教えがあります。

柳には柳の緑の美しさがあるし、花には花の紅の美しさがある。それぞれが、かけがえのない存在であり、それを比べることに意味はありません。

それなのに、人間はその緑と紅を比べてしまい、優劣をつけ、一方を独占したりします。

これがすなわち、わがままな自分勝手な心であり、これに従っても人は迷うばかりで、決して幸せになれません。

「No.1にならなくてもいい　もともと特別なOnly one」

「世界に一つだけの花」というヒット曲の歌詞にもある通り、私たちは誰しもそのことを心の底では理解しているはずです。

わが子も、間違いなくオンリーワンな存在。それを信じることが、親の愛です。

また、不登校の子どもには「学校」という場所を、一括りにきらいにならないでほしいですし、学校はやはり行って欲しいと思います。

なぜなら、禅には「随所《ずいしょ》に主となる」という教えがあり、これは要約すると「置かれた場所で花を咲かせる」というものです。

植物は生きる中で、環境を選ぶことはできません。種が落ちた場所が、まさに己が生きていく場所にならざるを得ません。そしてそんな環境でも、文句も言わずに力強く生きているのが、庭の木々や、道端の花々や、季節を彩る桜や紅葉の植物です。

人間も生きる中で、環境はなかなか選べません。

自分が生まれてくる環境、自分が生きていく環境。学校はそんな不合理なこの世界を学ぶファーストステップかと思います。

学校を卒業して社会人ともなれば、もっと理不尽なことを経験します。ある程度仕事は選べますが、やりたい仕事をやり続けられる人はほとんどいません。まずは、やりたくない仕事をやらされることから始まります。けれども、そんな環境の中で、花を咲かせる人はたくさんいます。

学校はいざとなれば、替えることはできます。どうしても合わない環境もあるので、人の評価など気にせずに、替えることも一つの選択肢です。

ただ同時に、置かれた場所で花を咲かせることも、長い人生における一つのトレーニングでもあります。

子どもは学校が一つの生きていく場所です。学校という場で、いかに自分の花を咲かせるか。たとえ学校が泥水であったとしても、その泥を養分として蓮《はす》の花を咲かせることは必ずできます。

きれいな白い花を、わが子も必ず咲かせることができる。それを信じ切ることが親の務めであり、子どもにはぜひとも学校に足を向けて欲しいと思います。

「あなたなら大丈夫！」と子どもを心から信じて背中を押してあげるのが、慈悲深い仏の心でもあるのです。

# 2-4

夫婦のあるべき姿とはどんな姿ですか？

夫（妻）から愛されている実感がないのです。

▼

## あるべき姿などない。
## まずは自分が相手を愛しているかを問うべし！

＜見返りを求めない慈悲の心＞

熟年夫婦が寄り添う姿を見て、自分たちもそうなりたいと思う瞬間は、夫婦生活を続けている人たちであれば、誰しも感じるのではないでしょうか。

私自身も、結婚して14年が経ちましたが、夫婦の理想の形にはまだまだ程遠いように感じます。

ずっと愛し合うことができたらとか、時が経つと愛ではなく情になるとか、いろいろと夫婦の悩みは絶えません。

昨今における日本の離婚率は、35％前後とされており、３組に１組の夫婦が離婚している計算になります。

そもそも日本人の生涯未婚率も年々上昇を続けており、２０２０年で男性の約28％、女性の約18％が結婚しないことを考えると、そもそも夫婦という形にも限界があるのかもしれません。

仏教では、夫婦の「あるべき姿」などないというのが、一つの答えです。

この世は諸行無常であり、常なるものはないと説くのが仏教の真理なので、「こうあるべき」とか、「そうでなければいけない」といった先入観や固定概念を否定します。

これは夫婦に対する考え方も同じで、いくら結婚の誓いを交わしたとしても、永遠に続くものはなく、常に移り変わるものとして考えなければなりません。

そのため、夫婦のあるべき姿というものはなく、10組の夫婦がいたら10組の夫婦の姿があり、そこに理想の形などはないわけです。

週末だけ一緒にいる夫婦も立派な夫婦、常に毎日一緒にいる夫婦も立派な夫婦。あるべき姿などないので、逆に言えば、それぞれが生きやすく過ごしやすい夫婦でいることが、理想の夫婦の形と言えます。

「〇〇すべき」とか、「こうあるべき」という「べき」というのは危険な言葉で、それにこだわってしまうと人は苦しみを生じてしまいます。

妻は家事をやるべき、夫も洗濯をするべきなど、妻や夫という立場によって、一括りしてしまうのも、悩みに陥りやすい考え方であるわけです。

近年はイクメンなど、育児を男性も行うことを推奨する言葉や風潮も増えています。

もちろんこれは悪いことではなく、男女共働きが当たり前となり、男女平等化社会を目指すうえでは、とても重要な取り組みです。

しかしながら、そういったイクメンという概念がなくなることが、本当の平等化社会のはずです。

イクメンという概念が成立する時点で、女性が育児をすることが前提で、それに男性も積極的に参加することを推奨している考え方に陥ってしまいます。

そうではなくて、男性も女性も育児をして当たり前。夫も妻も働いて当たり前。そしてそういったお互いの当たり前に感謝をして生きる。

これがどちらの固定概念もなくした理想の男女関係ではないでしょうか。

残念ながら、人間は迷う生き物で、完成された存在ではありません。

そのため、夫婦生活においても、向き不向きもあれば、苦手分野もあり、やりたくないことも多々生じます。

それを男性が女性が、夫が妻がとしてしまうから、理想の夫婦像というものも生まれてしまいます。

そんなものは最初からない。理想の夫婦の形なんてものはなく、それぞれの異なった人間が共同生活を送る。そのためには、お互いの弱点を補って、助け合わないとうまくいくはずがありません。

それぞれがお互いを尊重して、寄り添い合って生きる。

それこそ、夫婦のあるべき姿であると言えるのではないでしょうか。

ある研修会でも「夫から愛されている実感がないのです」という相談を受けたことがあります。

確かに、パートナーに愛されていないと感じるのは、一緒に生活していてつらいこと。

けれども、禅の教えでは、まずは自分を見つめることを大切にしています。

そのため、愛されていないと感じるのであれば、まず自分はしっかりとパートナーのことを愛しているかも、改めて見つめ直さなければいけません。

仏教では、欲しがるのではなく、まずは与えることを大切にします。

まずは自分が愛する気持ちと行動を与えられているか。

相手から見返りを求めると苦しみが生じてしまうので、それを求めずに自分が与えているかを考えなければなりません。


たとえば、記念日などにプレゼントを贈ったとします。

もちろんその場は相手が喜んでくれて、自分もとても嬉しい気持ちになるでしょう。

しかしながら、ついそのお返しを期待してしまうと、そこから苦しみが生じてしまいます。


自分の贈ったものにたいして、相手が期待通りのものを返してくれなかったら。

そもそも、自分へのプレゼントがなかったら。

せっかく相手を喜ばせて、自分も幸せを得ていたのに、見返りを求めることで、それが苦しみに変わってしまいます。


本来は相手に喜んでもらうためにプレゼントを贈っているはずなのに、プレゼントを贈ることで自分が喜ぶことを求めてしまうと、苦しみが生まれてしまうわけです。

そもそも、相手が自分の期待通り動いてくれることほど、わがままな考え方はありません。

まずは自分が与えてみて、その見返りは求めない。

そこに、実は自分が幸せに生きるヒントがあるのです。


仏教が大切にしている教えに「刻石流水《こくせきりゅうすい》」という言葉があり、「受けた恩はどんな小さくても心の石に刻み、施したことはどんなに大きくても水に流しなさい」と説きます。

要するに、いただいたものは大切に覚えていて、与えたことはサラッと忘れてしまいなさいという教えです。

どうしても人は逆に考えてしまいます。

誰かに与えたことはしっかりと覚えていて、誰かからしてもらったことはすっかり忘れてしまう。

そうではなくて、与えたことは忘れて、してもらったことは忘れない。

これを心掛けておくと、相手が喜ぶだけでなく、実は自分が悩んだり捉われたりせずに、心地よく生きることができるようになるのです。

夫が愛してくれないと感じるのは、自分が愛を与えているのに、それに応えてくれないから嫌だと捉えることもできます。

私はこんなに好きなのに、相手は全然好きになってくれない。

残念ながら、相手の好きという気持ちは、自分がどうこうできるものではありません。

「愛されるよりも愛したい」という歌詞や言葉も聞きますが、まさにこの境地で、自分が相手にできることは「自分が愛すること」のみです。

それにたいして見返りを求めているうちは、本当の愛ではありません。

たとえ愛されてなくともいいじゃないですか。

そもそも自分がこんなに愛したことが、とても尊いことなのだから。

それだけ愛せる人に出会えることも、まさに奇跡的なことです。

まずは自分が愛していることが、とても尊く幸せなことであるということに気づくと、少し心が楽に生きられるように思います。

仏教では、愛のことを「慈悲」といいますが、慈悲はまさに無償の愛です。

見返りを求めてしまうと、もう慈悲とは呼べず、それは取引やビジネスのものになってしまいます。

愛は欲しがるのではなく、自分が愛を吐き出す。泥水を養分として咲く真っ白な蓮の花のように。

欲しがると手に入らない世の中だからこそ、自分が尽くした先におのずと幸せは天から降ってくることを楽しみに、自分の気持ちに正直に生きていきたいものです。

# 2-5

結婚したいけど、
彼氏（彼女）の気持ちがわかりません。
確認するにはどうしたらいいですか？

▼

## 自分にも相手にも正直に。
## 計らいごとをせずに、
## 真正面から向き合う！

＜妄想するなかれ＞

相手の気持ちがわかったら、どれだけ楽に生きられるか。

超能力や神通力など、人の心を読む能力を夢見ることは、誰しもあるように思います。

けれども残念ながら、宗教や仏教は、そのような特別な能力を修得するものではありません。


坐禅をして一所懸命に瞑想を頑張っても、人智を超えた能力を手に入れることはできません。

逆にそのような特別な能力が身につくと誘導する宗教には、少し注意したほうがいいかもしれません。

仏教で大切にしているのは、人の心は読めないからこそ、お互いを尊重し合えるし、相手に寄り添うこともできるということです。


仏教や禅の教えに従ったとしても、相手の気持ちを確認するには、やはり直接聞くしかありません。

ただし、ここで大事にしているのは、素直な気持ち。

要するに、恋愛における駆け引きや、相手を誘導するような計らいの心は、必要ないということです。


禅では、「計らいごとは迷いの根源である」と説きます。

人は知識や経験を積むと、どうしてもいろいろと計らってしまいます。

これまで蓄えてきた知識に基づくと、あの人はこう考えているのかもしれない。

今までの経験を踏まえていくと、あの人の行動はどうも怪しい。

年齢を重ねたり、恋愛経験が豊富になるほど、相手にたいしてあれこれと思惑をしたり、計らいごとを考えてしまいます。


しかしながら、禅においては、それらはすべて自分勝手な妄想であると説きます。

相手の思っていることは、相手にしかわかりません。

自分の思い通りには、相手は思ってもくれません。

コントロールできるのは、自分の心のみです。

そうであるならば、やはり自分の素直な心を大切にするしかありません。

本当に相手のことを好きであるならば、あれこれと計らうことなく、素直な気持ちを全力でぶつけることが、一番気持ちが伝わりますし、自分自身も納得できます。

変に計らいを持って確認してみて、それこそ自分の思い通りの結果が返ってこなかったら、そのときはより苦しいですし、計らってしまった自分の行いにも後悔をしてしまいます。

大切に思っている人にたいしては、素直な心で接することが一番で、思いも伝わるはずです。

禅の言葉にも「莫妄想《まくもうぞう》」という教えがあります。

字面の通り「妄想するなかれ」という意味であり、あれこれと余分なことを考えずに、全力で目の前のことに向き合っていきなさいという叱咤激励《しったげきれい》の言葉です。

結婚前には、何かと迷いが付きものです。

もっといい人がいるかもしれない。

本当に今のタイミングでいいのか。

結婚だけではありません。「もう少しお金が貯まったら」「仕事が安定したら」「大事な試験に合格したら」と、人生の岐路に立つとあれこれと思惑を巡らせてしまいます。

けれども、誰かと比較をしてみたり、過去や未来とタイミングを比べてみたり、あれこれ二分して比べることを、禅では否定しています。

その先には、迷いや苦しみしか生まれないからです。

物事を相対的に見てしまうと、優劣や善悪を自分勝手に判断してしまい、結局答えも見つからずに、迷いに陥ってしまいます。

そのため、結婚しよう、結婚したいと思ったタイミングが、まさに結婚するベストなタイミングなのです。

あれこれ妄想するのではなく、まさに今この瞬間の心に正直に生きることを、禅では大切にしています。

自分の気持ちを誤魔化したり、回りくどいことを言ったりして失敗したら、それこそ自分自身を許せなくなります。

素直な気持ちでぶつかれば、たとえ失敗をしたとしても、自分自身を許せるはずです。

「迷ってしまったときこそ、妄想するなかれ！」

これを呪文のように自分に言い聞かせるだけでも、素直な気持ちを必ず取り戻させてくれるので、ぜひともお試しいただきたいと思います。

他にも、「一人でも十分に生きていけるので、結婚する必要性を感じられない」という相談もよく聞きます。

もちろん、自分自身で納得していれば、どうしても結婚する必要なんて決してありません。結婚するもしないも、個人の自由で、自分が結婚したくないと思えば、しなくていいです。

ここでも重要なのも、人と比べないこと。

自分の身の回りは結婚している人が多いから。親族から結婚を薦められるから。結婚している人が幸せに見えるからと、人と比べたところで、何の解決にもなりません。まさに莫妄想の妄想を生むだけです。

他人目線ではなく、自分目線に立って、自分に嘘偽りない素直な心で納得していれば、結婚をすることもしないことも何ら差はなく、まったく問題のないことなのです。

そもそもお釈迦さまは、永遠の安らぎを得るための修行においては、結婚することも、男女交際することも薦めていません。

そういった男女の誘惑から脱却して、出家生活に励むことで、人は幸せになれると説きました。

さらには、地球規模で考えたら、人口は増え過ぎています。

そのため、無理に結婚をして子孫を残す必要もないし、日本の人口減少は地球規模でみたら、さほど問題のあることでもないという見方もあります。

結婚して幸せに暮らしている男女もいますし、結婚せずとも人生を謳歌している人もたくさんいます。

そのため、結婚するかしないかにたいして、一つの正解など決してないのです。

大切なのは、自分の人生と他人の人生を比較しない、ということ。

私は、ご自身の道を貫かれた俳優の樹木希林さんの言葉にとても惹かれます。

「人生を楽しむには、他人と比較しないこと。世間と比較しないこと。比較すると這い上がれないし、挫折するので」（MANTANWEB ２０１５年６月16日 樹木希林：人生を楽しむ秘訣を明かす「人と比較しないこと」）

まさに比較をすることで、迷いに陥ることを教えてくれています。

外野の意見に惑わされず、自分の人生を謳歌するヒントを、力強く教えてくれる言葉かと思います。

人と比べることは、幸せという物差しにおいては、何一つ意味を成しません。

幸せは相対評価ではなく、自分だけによる絶対評価です。

ですので、妄想することなく、自分の心に正直に生きることで、私たちは必ず全員幸せに生きることができるのです。

Chapter3

# 第3章

# 人間関係について 心地よく悩む

# 3-1

職場に苦手な人や嫌いな人がいます。

どうすればいいですか？

▼

## 環境はなかなか変えられない。
## 自分に合わない人を、
## 生かすも殺すもおのれ次第！

＜殺人刀、活人剣＞

毎日顔を合わせなければいけない職場に、自分の苦手な人がいるというのはつらいですよね。できることなら、嫌な人とは働きたくない。誰もが感じる当然のことだと思います。

私自身も修行時代は、人間関係でいうと嫌な思い出のほうが多いです。

修行道場というのは特殊な世界で、学歴不問、職歴不問、年齢不問の世界。入門した順に序列が決まり、先輩後輩の上下関係が徹底された体育会的な環境です。

そのため、普通の学生生活を謳歌していた私自身も大変苦労しましたし、嫌味な先輩や苦手な先輩はたくさんいました。

正直な話、「修行道場を出たら覚えていろよ！」と逆恨みをしていた時期もあります。

仕事や職場は選べても、上司や部下は選べない。まさに社会で働く上での宿命のように思います。

仏教でも、人との出会いや別れ、そしてつながりであるご縁を大切にしています。

もちろん、それが自分にとってプラスな出来事、楽しく嬉しい出会いであれば、ご縁に感謝することも素直に受け入れられるかと思います。

けれども、仏教では、自分にとってマイナスな出来事、自分に嫌なことをしたり、嬉しく感じられない出会いであっても、それもすべて大切なご縁であると説いています。

奈良の薬師寺の管主を務められました高田好胤《たかだこういん》師の法話に、「逆縁《ぎゃくえん》の恩」というお話があります。

仏教のご縁には、順縁《じゅんえん》と逆縁があり、順縁というのは、お世話になった人や善くしてもらったことにたいして、純粋に恩を感じること。そして、逆縁というのは、たとえ嫌なことや悪いことをされた人にたいしても、それを恩として受け取って感謝をしましょうという、少し難しいご縁の考え方です。

ある時、武将である主人に仕えていた武士が、その主人の履物《はきもの》を温めていました。主人が用事を終えて履物を履こうとすると、その温もりに驚きます。するとその主人は、仕えていた武士がお尻に自分の履物を敷いて座っていたと勘違いをして、その履物の下駄で武士の眉間を叩き、武士は眉間を割られてしまいました。額に傷があっては武士を続けられないと、その武士は出家をします。

その後、懸命に修行をして出世をし、立派な僧侶となって修行僧を指導するような老師さまになりました。

その老師の元に、なんと昔自分の眉間を割った元主人が、何も知らずに会いにやって来ました。

近くに偉い和尚さんがいると聞いて、会いたいとやって来たわけです。すると、その老師の眉間に傷があるのに気づいて、その元主人は尋ねます。

「その傷はどうされた傷ですか。ぜひ、昔の武勇伝などをお聞かせ願いたい」

すると老師は、「実は私は昔、若い頃のあなたに下駄で眉間を割られました。けれども私は一切恨んでおりません。なぜなら、その出来事によって、私は仏教に出会えて、これだけ仏道に励めて、老師になることができたのです。ですので、私はあなたに感謝しています」と。

それを知った元主人は、「それは本当に申し訳ないことをした。どうか、許してほしい」と老師に伝えたが、老師は気にもとめず、以後も会話を楽しんだ。

というお話です。

この話を聞くと、信長公と秀吉公の履物を温める逸話も思い出します。信長公は履物を温めていた秀吉公を評価し、出世をさせたことで秀吉公はそのご恩に感謝をしたというまさに順縁の恩の話です。

けれども、先の眉間を割られた武士は、まさに逆縁によって、それを自らの叱咤激励に変えて、一所懸命に修行することによって違う道を極めることができ、そのご縁に感謝をすることができたという恩の話になります。

長い人生を歩んでいく中では、自分にとって都合の良い人や事だけに囲まれて生きていくことはなかなかできません。どうしても性格が合わなかったり、生理的に無理と感じる人も現れてしまいます。

けれども、それをずっと、嫌な人、苦手な人、自分にとって都合の悪い人で終わらせていたら、その人と過ごす時間が、まさに無駄になってしまいます。

苦手な人や嫌な人がいる人が、返ってその場に刺激が与えられるかもしれません。

今その瞬間は確かに嫌かもしれないけど、後になって考えてみたら、「その人によって自分は成長できたのかもしれない。その嫌な出来事によって、自分はこんなに変わることができた！」と思える日が来れば、それは逆縁ではあっても、かけがえのないご縁になるかもしれないのです。

職場に嫌な人がいるからこそ、別の嫌な部分が見えないのかもしれませんし、その人のほんの少しの優しさや、ちょっとした気遣いに触れるだけで、ふと幸せを感じることができるかもしれません。

私も修行時代に嫌なことをされた思い出は、決して消えることはありません。

当時、苦手に思っていた人が、今では得意になることも、おそらくありません。できることなら、「今でも会いたくない」と正直に思います。

けれども、それらの出来事が、自分にとってまったく意味のなかったことかと問われれば、そのようには感じません。

あの出来事があったから、自分は人にたいして同じようなことはしたくない。あんな嫌味なことを言われたから、自分は人にたいしては優しく接しよう、と今でも反面教師となって、自分の襟を正してくれています。

仏教や禅は正論ではありません。苦手は苦手、嫌は嫌でそのまま感じ取れば大丈夫です。苦手や嫌を無理に得意や好きに変える必要はありませんが、その後の自分の行動によって、成長の糧にはなってくれる。

少し発想を転換して、違った角度から見ることによって、心地よくその相手と付き合う方法を見出すことができるのではないかと思います。

禅には「殺人刀《さつじんとう》・活人剣《かつにんけん》」という教えもあります。

「一本の剣《けん》も、人を殺める刀《かたな》になれば、人を活かす剣《つるぎ》にもなる」。その人を活かすも殺すも、まさに自分次第。であるならば、ぜひともその人の自分なりの活かし方を考えていくのが、禅の醍醐味でもあります。

自分にたいしては、自分勝手でいいのです。みんなわがままな生き物ですから。

自分だって他の誰かから見れば、苦手で嫌な人かもしれません。

だからこそ、自分を大切にして、自分なりのその人との関わり方考えていく先に、必ず幸せが訪れてくれます。

「嫌味な人が、ひょっとして自分に何かしらの気遣いや優しい言葉やプレゼントをくれる日がいつか来るかもしれない！」

そんな希望を抱いて過ごしていくのも、また人間関係を構築する中での一興ではないでしょうか。

# 3-2

悪口や陰口を言われたら、
どう対処したらいいですか？

▼

## 気にしたって何ともならない。口は災いの元なので、自分は悪口や陰口を慎む！

<気にしない、気にしない、ひと休み、ひと休み>

誰しも悪口や陰口を言われたくはありません。

できることなら聞きたくはないのに、ＳＮＳの誹謗中傷も含めて、悪いことや嫌なことというのは、意図せず耳に入ってきてしまいます。

それに加えてＬＩＮＥなどのコミュニケーションツールの発達により、悪口や陰口に気づきやすい環境も整っているのが現実です。

僧侶である私も、悪口や陰口を言われたら、もちろん嫌な気分になります。

自分を悪く言う人にたいしては悪い印象を持ちますし、「なぜそんなことを言われなければいけないのか⁉」と怒りに駆られることもあります。

承認欲求という欲もあることから、悪口や陰口は自分を否定されたようにも感じ、悲しくつらい気持ちにもなります。

逆に、悪口や陰口を言われたら悲しむことを知っているはずなのに、人はどうしてもそれが止められず、悪口や陰口を叩いてしまうこともあることでしょう。

私自身も一時メディアに出ていた時期がありますが、当時は悪口や陰口に悩まされました。

テレビ朝日系列の「ぶっちゃけ寺」というテレビ番組で、お笑い芸人さんのMCで、各宗派の僧侶が10名程ひな壇に座り、ゲストの芸能人も招きながら、仏教やお寺の巡り方などを紹介するバラエティ番組でした。

出演当初は私も30代前半という若さでもあったせいか、自然とあまり良くない噂も耳に入りました。

「なぜあんな若造が宗派を代表するが如くテレビで発言しているんだ?」

「あの番組は仏教や禅がわかっていない」

「そもそもあんな番組に出演する僧侶は生臭坊主《なまぐさぼうず》だ!」

などと、さまざまと嫌な言葉も聞きました。


そんなときに思い返したのが、第一章のイライラに対する解消法でも紹介した一休さんの言葉「気にしない、気にしない」のフレーズです。

これを繰り返し自らに言い聞かせるように唱えていくうちに、不思議と外野の声は気にならなくなりました。

人の言うことなんて気にしていてもしようがない。誰が何と言おうと、今の自分のやるべきことは変わらない。自分がやりたいと思ってやっていること、やるべきと思って行っていることは、自分を信じて突き進めばいい。

どこまでいっても自分を見つめる禅の教えに、改めて自分自身が救われていたように思います。

同時に、禅という信じるものが身近にあって良かったと、心底感じていました。

信じるものは救われるともいいますが、禅や仏教に限らず、何でも構わないので何かしら自分の信じるものがある人は、やはり力強く生きられるように思います。

転んで立ち上がろうとしたときに、杖のように自分を支えてくれるのが、まさに「信じる存在」でありました。

また、悪口や陰口を言われたときは、自分に親しくしてくれる友だちや身近な人の存在は、とても大きな支えになります。

「そんな妬《ねた》みのような言葉に耳を貸す必要はないよ」とか「あなたが頑張っていられるならそれでいいじゃない」といった優しい言葉から、本当に力をいただきました。

悪口や陰口でつらい経験をしているときは、信頼できる身近な人に頼ることも、とても重要です。

つらいときや苦しいときは、それを素直に口にするだけで、少し楽な気分にもなれます。

そして何より悪口や陰口にたいしては、「気にしない」のではなく、「気にとめない」という考え方も、心を楽にしてくれます。

悪口や陰口を言われて、気にしない人はいません。そもそも、気にしないと思っている時点で、気にはしてしまっています。

ですので、たとえ気にしたとしても、気にとめない。

「あぁ、そうか」と受け流すトレーニングがとても重要ですし、坐禅などの仏教の修行というのは、それをいつ何時でもできるようにするための訓練です。

たとえ気にしたとしても、そのことをずっと考えて続けて気にとめることはしない。さらっと受け流していくことが、実は心地よく生きる術です。

悪口を言うと、巡り巡って必ず自分に返ってきます。

これを仏教では「自業自得《じごうじとく》」といい、要するに、「自分の業は必ず自分が得る」という意味です。

あなたの悪口を言った人は、必ずその悪業の結果をその本人が得ます。

ですので、あなたがその人にたいして何か特別なことや報復なんてしなくとも、必ずその人は悪口の報いを受けるので、放っておけばいい。

経済的に考えれば、気にするだけ自分の損となります。

仏教では、自分の発した言葉にたいする「戒め」はすごく多く設けられています。

たとえば、「嘘をついてはいけない」「二枚舌を使わない」「中身のないことを言わない」「悪いことを言わない戒め」など、言葉にたいしてとても厳格に取り締まっています。

自分の発した言葉に対する報いは必ず自分が受けることから、そもそもそういった原因をつくらないことに重きを置いているのです。

まさに、口は災いの元であるので、災いが自分に降りかからないためにも、悪いことを言うべきではありません。

悪口や陰口を言っている本人は、必ずその悪い陰湿な結果を得ますから、可哀想だなと憐れむぐらいが、丁度いいのかもしれません。

最後に、社会問題として懸念もされているSNSによる誹謗中傷について触れましょう。有名人やスポーツ選手、さらには一般人にたいしても、行き過ぎた言動による攻撃が人を傷つけています。

それらが起こる大きな要因の一つに、やはり匿名による表記が原因と考えられます。自分を名乗らずに書けてしまうことから、仏教の自業自得の罪悪感も薄れて、どうしても過激な表現や行き過ぎたことを言ってしまったりします。

ですので、匿名表記を実名に変えれば、過激な誹謗中傷も少なからず減るかと思いますが、さまざまな事情から実現はまだ難しいのでしょう。

けれどもたとえ匿名であっても、自分の発した言葉には必ず責任が伴います。

仏教的に言えば、その責任の報いは必ず自分が得てしまいます。

そのため、SNSなどによる書き込みにおいても、自分自身の因果応報からは抜け出せないことを、しっかりと自覚する必要はあると思います。

生き物の命をむやみに奪って、傷つかない人はいません。

それと同様に、悪いことを言った人は、必ず悪い気分になります。人を傷つけるようなことを言った人は、必ず心に負の感情が起こり、嫌な思いをするはずです。

誹謗中傷はもちろん相手を傷つけますが、書いた本人の心も必ず傷つけます。

そのため、お互いがお互いを傷つけあう負の連鎖が、少しでも減ることを切に願います。

そして何より、自分を大切にするためにも、悪口や陰口は言わないし、真に受けない。

どこかで鳴り響いているＢＧＭのように、さらりと受け流していきましょう。

そうすることでおのずと、自分も相手も幸せに生きられるはずです。

# 3-3

本当の友だちとはどういう人ですか？

なかなか友だちができません。

どうしたらいいですか？

▼

**楽しいときだけでなく、**
**苦しいときも寄り添ってくれるのが**
**本当の友だち。**
**自分も友だちのために！**

<善き友と交われ>

そもそも友だちとは何なのでしょうか。

楽しいことを共有してくれる人。さまざまな悩みや相談を聞いてくれる人。親族以外に心を許せる人。

人それぞれに友だちに対する考え方はありますが、自分以外の他人と心の底から信頼関係を築けたら、豊かな人生につながるように思います。


仏教においてもお釈迦さまは、善き友と歩むことを推奨しています。

お釈迦さまは「悪い友と交わるな。卑しい人と交わるな。善い友と交われ。尊い人と交われ。」（『ブッダの真理のことば感興のことば』岩波文庫）と説いています。

そのため、純粋に自分の心の中で、この人は悪い人だな、卑しい人だなと感じたのであれば、それは友とは呼べないのかもしれません。

同時に、友は選ぶべきである、とも言えます。


また、お釈迦さまは「どのような友をつくろうとも、どのような人に付き合おうとも、やがて人はその友のような人になる。人とともに付き合うというのは、そのようなことなのである。」(『ブッダの真理のことば 感興のことば』 岩波文庫)とも続けています。

自分も友だちのようになると考えれば、友だち関係を見定める際に参考になります。

友だちにたいして、自分もこうなりたいと思えれば、その関係は続けるべきですし、逆にこうはなりたくないと思うのであれば、やはり距離を置いたほうがいいかと思います。

そして何より、本当の友だちというのは、楽しいときや幸せなときだけでなく、苦しいときやつらいときに寄り添ってくれるものではないでしょうか。

人生において上り調子のときは、おのずと人はついてくるものです。景気が良かったり、運が良かったりと、いろいろと調子がいいときは、自然と周りに人は集まってきます。

しかしながら、人生においては山があれば谷もあります。下がり調子のときも必ず到来し、そうするとおのずと人は離れていき、周りに人も集まらなくなります。

そんなときこそ、本当の友だちであれば、弱っている自分、苦しんでいる私の近くに寄り添ってくれるはずです。

要するに、相手のことを自分事として捉えてくれているかどうか。相手の痛みを自分の痛みとして感じてくれている人は、「自分にとって本当の友だち」といえるのです。

禅の言葉にも「自《じ》他《た》一如《いちにょ》」という教えがあり、「自分と他とが一体となる境地」を大切にしています。

坐禅で目指すのも、自分と自分の外側である大自然とが一体となる境地。さらには、私とあなたが一つとなる境地です。

そのため、本当の友だちというのは、まさに自分自身と一体となれる境地の人。それは同時に、私自身も、その友だちにたいして自他一如となれるかどうかも大事なことなのです。

相手が自分に寄り添ってくれるなら、自分も相手に寄り添ってあげる。

自分が苦しいときに助けてくれたのなら、自分も相手が苦しいときに助ける。

楽しいときも苦しいときも、共に歩める人こそ、まさにお互いが真の友情で結ばれているのです。

しかしながら、人間関係というものも諸行無常に変わりはありません。

仏教の真理では、この世の中において、常なるものは何一つありません。

それは友だち関係も同様で、永遠に続く友情というのも、とても難しいことです。

友だちだと思っていたのに、「裏切られた」と感じる瞬間は、人生においてはあり得ることです。

報道などを見ても、信頼している人に裏切られたというのは、日常茶飯に起きています。そのため、この友情関係は絶対的なもので、永遠不滅であると思い込んでしまうと、それはまた自分を苦しめる原因となってしまいます。

信じていたことが裏切られることもあります。

信頼していた人が急にいなくなってしまうこともあり得ます。

そのため、友情関係に依存しすぎないということも、心地よく生きていくには大切なことです。

また、友だちを無理につくる必要はないと私は思います。

なぜなら、無理に友だちをつくろうとして、それで思い悩むのであれば、それもまた本末転倒であるからです。

禅は、結果を求めて行動を起こすものではありません。

結果は後からついてくるもの。自分が頑張っていれば、おのずと結果はついてくるものなのです。

そのため、友だちをつくろうつくろうと考えて頑張っても、それが達成できなかったときに苦しいだけです。

そうではなくて、仕事や遊びなどを一所懸命にやっているうちに、おのずと仲間ができて友だちになったというのが、禅的な楽な生き方なのです。

人が何か物事に没頭している姿は、とても美しいものです。

そのため、何かに一所懸命になっていれば、おのずと人は周りに集まってきます。

無理に仲間をつくろうとするのではなく、まずは自分がやりたいことや、好きなことなど、何かに夢中になっていれば、おのずと仲間はできてきます。

友だちをつくるのではなく、いつの間にか友だちになる。

友だちを求めすぎないというのも、友だちをつくる一つの秘訣なのかもしれません。

最後に、お釈迦さまは「犀《さい》の角のようにただ独り歩め」（『ブッダのことば』岩波文庫）とも説いています。

インドの犀は、群れではなく単独で行動するといわれています。

その犀の角というのは、まさに孤独を象徴するものとして書かれていますが、立派に力強く、前を向いて生えています。

そのため、たとえ一人きりであっても、しっかりと自分自身の力で、納得して大地を踏みしめて歩んでいく――まさに犀の角のように歩めという教えです。

人間関係の悩みに疲れたら、いったんそこから距離を置いて、自分独りで歩んでいてもまったく問題はないのです。

お釈迦さまも悟りを目指した際に、苦行を共に続けていた仲間といったん離れて、最後はたった一人で修行に励みました。

そして無事に悟りを得た後は、共に修行をした仲間へその教えを伝えて、まずは仲間たちを救ったといわれます。

私たちも同じように、一人の期間が必要なときもありますし、一所懸命生きていれば、おのずと仲間は自分を助けてくれるはずです。

人は、なかなか一人で生きていくことはできません。

だからといって、嫌な人と生きていかなくてはいけないわけでもありません。

私は私で、あなたはあなた。友だちの多い少ないが、その人の価値を決めることは決してありません。

心の底から信じられる人を、この人のようになりたいと思える人を、焦らずゆっくり長い人生をかけて自然と見つかれば御《おん》の字。

そのぐらいに思っていれば、丁度いい心地よい生き方ができるのです。

# 3-4

リアルな人間関係が苦手です。

ネットフリックスとアマプラがあれば生きていけます。

それでもいいですか？

▼

## 生身でしか味わえない面白さもある。
## 人間関係は面倒だからこそ、
## 絆は生まれる！

＜心を以て心に伝える＞

電車に乗っているときなどに、ふと周囲を見渡すと、ほとんどの人がスマホ（スマートフォン）を見ています。

一昔前までは、外の景色を見たり、中吊り広告を見たり、それこそ人間観察をしていたものですが、最近ではみんな画面に一点集中。

別段、人と接しなくても、楽しみはたくさんある便利な世の中になりました。

スマホやインターネットは、自分の興味のある分野や情報を選んで楽しむことができるので、それだけあれば十分という気持ちは、私もよくわかります。

生身の人間関係が苦手で、ＳＮＳやサブスクなどのインターネットの世界だけで楽しく生きられるのであれば、それは仏教的にも問題はありません。

なぜなら、宗教や仏教は生きづらいと感じたときに手を差し伸べるものなので、現状の自分に満足をしているのであれば、それを突き進めば大丈夫です。

しかしながら、自分の好きなことばかりしていると、どうしても偏った人間になってしまいます。

また、一つのことをしているだけでは、マンネリズムを感じて飽きも訪れます。

そんなときに、インターネットの世界だけではなくて、生身の人間関係にも目を向けてみると、そこでしか味わえない楽しみが間違いなくあります。

SNSやサブスクだけでは決して経験することのできない、人と人との対人関係の面白さが必ずあるのです。

ですので、それを知らずにいるのも、少しもったいないように思います。


そもそも人間関係というのは、難しくて煩わしいものです。

仏教を開いたお釈迦さまも愛弟子の死に際しては大変悲しんで落ち込みますし、禅の悟りを得た白隠禅師もノイローゼに陥って修行できない時期がありました。

仏さまや老大師と呼ばれる悟りを得た人たちであっても、人生に苦労していますし、人間関係にも悩んでいました。

そのため、そもそも生身の人間関係が苦手ではない人など、この世には存在せず、みんな人間関係の煩わしさを感じながら生きていることを、まずは気づいてほしいと思います。

「絆」という言葉の語源は「手綱《たづな》」だといわれています。

あの馬や牛などを束縛するのが手綱ですが、言われてみれば人間関係も束縛の連続です。職場の付き合い、ご近所付き合い、友だちや先輩後輩の人間関係。けれどもそういった束縛があるからこそ、いざというときに信頼し合える仲間となり、お互いに絆を感じることができるのです。

また、人は誰かの幸せを願うことが、自分の幸せにもなります。

たとえば、人にプレゼントを贈ったときに、もちろん相手も喜びますが、その相手が自分の大切な人であれば、それは自分にとっても大きな喜びとなります。

人助けをして、嫌な気持ちになる人もいません。

誰かのために行動すると、自分の心が温まる瞬間が必ずあり、これは生身の人間と相対することで、より感じやすくなるのです。

仏教には「以心伝心」という言葉があります。「心を以て心に伝える」という意味ですが、まさに心と心が通じ合う瞬間です。

お釈迦さまが説法の際に、一輪の花を掲げ、それを見た弟子の迦葉尊者《かしょうそんじゃ》は、ニコッと笑いました。

これによって、仏教の教えがお釈迦さまから迦葉尊者に伝わったというエピソードを、禅ではとても大切にしています。

これ以外にも、師匠と弟子が一対一の禅問答のなかで、命がけでお互いの心をぶつけ合う逸話もたくさんあります。

どれもすべて、生身の人間同士の真剣勝負です。

だからこそ、どれも同じシーンなど一切なく、それぞれの心が伝わる瞬間はさまざまで、個性あふれる展開が披露されています。

そういったさまざまな人と人との交わりが紹介される理由には、その場、その時、その状況において、言葉や画像では描けない唯一無二の味わいがあるからです。

この人とあの人だからこそ成り立つ面白みがあり、理屈ではなく文字では表現できない感覚によって、心が伝わる瞬間があります。

変に覆い隠すのではなく、弱い部分や苦手な部分もすべてをさらけ出してしまえば、相手も助けてくれますし、自分も楽になれます。

生身の人間関係において大切なのは、やはり相手にも自分にも正直になること。

これを心掛けておけば、おのずと心地よい人間関係は構築されるはずです。

便利な世の中になったからこそ、さまざまな選択肢が増えました。

生身の人間関係が煩わしければ、別段無理して飛び込んで、苦しむ必要はありません。

けれども、インターネットやＳＮＳでの人間関係も、生身の人間関係と同様で、コメントの返し方やスタンプの扱い方、文書の書き方など、なかなかハードルの高いものです。

生身であろうと、そうでなかろうと、そもそも人間関係は煩わしい。

だからこそ、その煩わしさから目をそらすのではなく、しっかりと向き合って生きることが、私たちが心地よく人間関係を構築する唯一の方法なのです。

# 3-5

## 職場の人間関係が嫌でたまりません。
## 会社の飲み会にも意味を見出せません。
## うまく断るコツはありますか？

▼

**人間関係はそもそも面倒くさいもの。**
**無駄なことが、人生を面白くする！**

<気は長く、心は丸く、腹を立てず、口を慎めば、命長かれ>

私も働くことは、あまり好きではありません。できることなら、働かずして好きなことだけやって生きていきたい。誰しも人生に一度は、思い描くことがあるのではないでしょうか。

同時に「無駄なことが人生を面白くする」という言葉も、私はとても好きです。コスパ（コストパフォーマンス）やタイパ（タイムパフォーマンス）など、何かと効率を求めたり、結果が出なければ意味がないという考え方もありますが、意味を見出せないことこそが、実は人生においては大切なように思います。

たとえば、ラーメン屋さんの前で、ラーメンを食べるために並んでいるとき。タイムパフォーマンスはとても悪く、空いているお店で食事を済ませたほうが効率的ですし、時間も有効に使えます。

けれども、待てば待っただけ、その一杯のラーメンをとても美味しく感じることができます。

待ってお腹をより空かせることで、より幸福感を味わうことができます。

一見無駄に見えることや、効率が悪かったり、結果が出ないようなことであっても、実はそれが幸福度を上げるということはよくあることです。

京都先端科学大学の川上浩司教授は、「不便益」という、さまざまな不便なことによって得られる利益を紹介しています。

ラーメン屋さんの行列も不便益の一例ですが、実は仏教でも不便益を重宝しています。苦しい修行を経て悟りを得ることもその象徴で、脚を痛めて坐禅をするなど、あえて厳しい環境に身を置くことで、心安らかな生き方に気づくことができます。

そのため、不便なことは悪い面だけでなくいい面もあり、不便があるからこそ自分自身を幸福へ導いてくれることもあるのです。

職場の人間関係も同様で、そもそも働くというのは、人間が生きるうえで大変なことの一つです。

そんな大変な環境のなかで、本来はわがままな人間同士が人間関係を構築するとなると、それは苦労しないわけがありません。

そもそも職場の人間関係において、苦しんでいない人など誰一人いません。

会社に入れば上司は選べませんし、後輩や部下も自分の意志とは関係なく配属されます。組織にいる以上、自分だけのわがままは通じませんし、嫌な人とチームを組むこともあります。

「そもそも職場の人間関係は思い通りにはならない！」ことを受け入れることが、まずは最初の一歩です。

また、人間関係が嫌なのであれば、無理に好きになる必要もありません。

きらいなことにたいして無理に好こうとすると、心に負担が生じストレスにつながります。

この人はきらい、合わないと、自分の心に正直に向き合って、それを受け入れることも大切です。

ただし、社会人である以上、それを表立って出すのはよくありません。

心の奥にしっかりとしまっておいて、その苦しみをどう利用できるかを考えましょう。

反面教師であれば、自分は同じようにならないための良き師となります。きらいな部分がわかれば、自分は同じようなことをせず、人にきらわれない方法を発見できます。

仏教では、「怒りに怒りをもって返してはならない」と説きます。怒っている人にたいして、怒りで返しても怒りが増幅するだけなので、その怒りを受け流して忍んでいくことが解決につながります。

意地悪をされたら意地悪で返すのではなく、それをサラりと受け流す。そして、なぜそのような意地悪をするのかを分析してみると、意外な発見もあるかもしれません。

磁石のN極同士では、常に押し合っているだけです。嫌な相手を変えようとするのではなく、自分が対応を変えてみてS極となることで、少し近づきやすくなるかもしれません。

禅の教えにも「気は長く、心は丸く、腹立てず、口慎めば、命長かれ」とあります。人間関係においても、参考になる心掛けです。

人間関係が嫌に感じたときこそ、深い呼吸を心がけて、気を長く保ちましょう。

ピンチは自分を変えてくれるチャンスとなるので、柔軟な対応で心を丸くしましょう。

そして、無駄に腹を立てることなく、余計な言葉は慎めば、その場に長く心地よく居られるようになります。


「恰好《かっこう》」という言葉がありますが、元は禅の言葉で「よし来た」という意味があります。

趙州《じょうしゅう》和尚という禅の僧侶が、弟子から「大困難が訪れた時に、師はどうなさいますか？」と問われたとき、「恰好（よし来た）！」と答えました。

大ピンチに直面したときこそ、「よし来た！」と迎えられる度量を持つぐらいが、実は「かっこいい生き方」なのかもしれません。


最近では、職場の飲み会や、上司との食事を嫌がる社員も増えたといわれます。確かに、意味を見出せない会合に行きたくない気持ちもよくわかります。

そんなとき、本当に別の予定があったり、正直に行きたくないのであれば、素早く断ることが大切です。

曖昧な回答をしたり、相手に気を持たせてしまうと、ますます言いづらくなります。

即断即決で、無理な場合は正直に無理ですと、誠意をもって断りましょう。

またその際に、仏教の慈悲の心を忘れずに、相手を気遣うことも大切です。

せっかく飲み会を企画して、声をかけてくれたこと自体は、相手が私に行ってくれた好意です。

そのため、どんな嫌な相手であっても、その好意を無碍《むげ》にするのではなく、しっかりと心をもって、心を届ける心掛けは重要です。

禅では素直な心を大切にしているので、相手の誘いを断る際は、素直な心をもって接しましょう。


さらに、テクニック的なことでは、当日誘うと断りやすいので、あえて当日誘うという手法もあります。

「今日飲みに行きましょう」と急に言われても、「今日の今日は無理です」と、急なお誘いを断ることに罪悪感はあまり抱きません。

相手が断りやすくするためにも、誘う側も当日誘う。これも慈悲の心を備えた相手を気遣う一つの誘い方です。

最後に、私自身はたとえ意味を見出せない会合でも、予定が空いていたら出てみることにしています。

家で何もしないでいるよりは、誰かと接したほうが、刺激が生まれるように思うからです。そういった無駄なことに、実は面白い発見があり、心豊かに生きるヒントもあります。

私も以前は、理系出身で論理的に考えてしまう性格なので「飲み会などに意味はあるのか？」と思っていました。

けれども、物事の余白の部分に、実は大事なものが詰まっていたり、面白い発見があることを知りました。

仕事の話だけをしていても、解決策はなかなか生まれません。逆に、飲み会や無駄話などの余白のときに、良い解決法が見つかったりもします。

違った角度から話すことで「それがあった！」とひらめくこともあるのです。

意味のないところに、実は大きな意味がある。

# 3-6

1日中送られてくるＬＩＮＥやメッセンジャーが
気になってしょうがないです。
うまく付き合うコツはありますか？

▼

**触らない時間を強引につくる。**
**相手の顔を思い浮かべて、**
**優しい言葉づかいを心がける。**

＜和顔愛語＞

無駄が人生を面白くする！

これも心地よく悩むうえでの、一つの楽しみ方ではないでしょうか。

ＬＩＮＥやＳＮＳの登場によって、私たちの生活は格段に便利になりました。グループを使って連絡を共有したり、写真やデータ交換が容易になったり。自分の興味のある分野や、活躍している人の情報も、簡単に得られます。

しかしながら便利なツールは、その便利さが格段に高まったからこそ、それを利用する側のオンとオフの切り替えも格段に難しくなりました。

人の欲望には限りがないので、便利である程その欲が増幅し、依存状態にも陥りやすくなります。

人は楽なほうにも流されてしまいますし、楽しさばかりを追い求めてもしまいます。そのため、ＬＩＮＥやＳＮＳに没頭してしまうのも、誰もが陥る可能性があり、それをコントロールすることはとても難しいです。

私自身も、寝る前にはよくスマートフォンを見ます。

「誰かからＬＩＮＥやメッセージが来ていないか？」
「面白い動画や、サブスクで映画はやっていないか？」
「ＳＮＳの投稿の反応はどうだろうか？」
いろいろなことが気になります。

もちろん、これが自分にとって程よく楽しめており、うまく付き合えているのであれば問題ありません。

ＬＩＮＥの会話を楽しんだり、ＳＮＳの「いいね！」の数で幸せを感じるのであれば、それを追い求めることは悪くありません。

ただし、それがストレスになったり、それを追求するあまり私生活に支障が生じていたら、それは注意が必要です。

改めて、自分自身のＬＩＮＥやスマートフォンとの付き合い方を見つめ直さなければいけません。

前述した通り、人の欲望には限りがないので、まずはそれを認めてあげることが大切です。

放っておいたら、ずっとＳＮＳを見てしまう。ＬＩＮＥやグループのやり取りに依存している。

まずはいったん立ち止まって、自分自身を俯瞰して、便利であるはずのツールが実は苦しみの原因になっていないかを確認し、没頭している自分を受け入れてあげることが第一歩です。

そして次に「心を心でコントロールすることはできない」ことを知ることが大切です。

私たちの心はそもそもわがままで、自分の意志で自由に変えられるものではありません。心を心でコントロールできないからこそ、行動を変えていくしかないのです。

ＬＩＮＥやメッセンジャーでのやり取りも、自分の意志だけで切り替えをすることは難しいので、触らない時間を強引につくるなど、あえて距離をとることが大切です。

お風呂に入るときはスマホを置いて入る。

ランニングやウォーキングをするときは画面を見ない。

寝る前に坐禅を５〜10分ほど行うことで、デジタルデトックスを行う。

いったん距離を置いて、自らの行動を変えることで、依存する心を変えることができます。

ＬＩＮＥやスマートフォンがなくとも、心豊かな時間はたくさんあります。美しい景色を見たり、綺麗な花を眺めたり、子どもの笑顔に全力で向き合うなど、本来人は物に頼らずとも、心豊かな時間を過ごすことができます。

はたまた運動やスポーツで汗を流すと、身も心もスッキリします。

「メッセージの返信が遅い」と言って怒るような人は、本当にあなたの傍にいるべき人ではありません。

メッセージに束縛されない自由気ままな時間が、時には必ず必要です。

両手が塞がっていては何も新しいものが持てないように、心が一杯な状態では、何も新しいものを取り入れることはできません。

禅には「本来《ほんらい》無《む》一物《いちもつ》」という言葉があり、「私たちは本来何も持ち合わせていない」という教えを大切にしています。

私たちは、オギャーと生まれてきた瞬間は何も持っておらず、スーッと息を引き取る瞬間も何も持たずにこの世を去ります。

本来は何も持っていないはずなのに、私たちはこれ以上何を求めるのでしょうか。

禅ではこの何もない状態というのを、むしろ重宝しているのです。

禅の修行道場では、これまでの経験や知識をいったん捨て去ることで、入門を許されます。これまで学んできた経本や語録を、すべて焼き尽くしてしまったという禅の逸話もあります。

人間は何かといろいろなものをため込んでしまい、それが固執につながると、それらを剥がすことが難しくなります。

ＬＩＮＥやスマートフォンも一度ハマってしまうと、そこから離れるのはとても難しいです。

だからこそ焼き尽くすまではいかないものの、少し強引に触らない時間をつくったり、他事に没頭することで、そこから離れる行動に変えることが重要なのです。

本来無一物に関連して、「無《む》一物《いちもつ》中《ちゅう》無《む》尽蔵《じんぞう》、花あり、月あり、楼台《ろうだい》あり」という禅の言葉もあります。

「何もない状態だからこそ無限の可能性があり、それを自覚すれば、ここには花もあるし、月もあるし、大きな建物だってあることに気づくことができる」という意味です。

一日中、ＬＩＮＥやメッセンジャーに振り回されていては、自分の時間が持てません。それればかり気にしていては、本当に大切なことに気づくことができないかもしれません。私たちは本来無一物なのだから、仮のものに惑わされることなく、心豊かな時間を過ごしていきたいものです。

また、人のことを気遣いすぎると、自分も苦しくなります。自分自身のことも大切にして、他人軸に振り回されるのではなく、自分軸で考えることも大切です。

ＬＩＮＥやメッセンジャーの返信が遅いのが原因で、たとえきらわれてもいいではありませんか。

それできらわれる関係ならば、そもそもその程度の関係です。

仏教では「和顔愛語《わげんあいご》」という「和やかな表情と、優しい言葉」をとても大切にしています。笑顔や優しい言葉に金銭は必要なく、無限に行うことができる相手を幸せにできる手段です。

「布施行《ふせぎょう》」ともいいますが、「見返りを求めない無償の施しを行う」ことで、相手も自分も幸せになれるのが仏教の醍醐味です。

LINEやメッセンジャーでは、和顔愛語はなかなか実践できません。

画面に書かれた文字や言葉だけでは、相手に和やかさや優しさを届けることは難しいです。

やはり直接会って、ニコッとほほ笑んであげて、優しい言葉をかけてあげることで、相手に本当の自分の気持ちを伝えることができます。

便利なツールが増えて、情報を伝えやすくなったからこそ、改めて顔の表情であったり、声のトーンであったり、相手を気遣う心持ちがとても貴重です。

画面や字面だけに縛られるのではなく、それ以外の意思伝達の方法も大切にしていきたいものです。

便利なツールがあるからこそ、それに固執しない生き方を、共に目指して参りましょう。

Chapter4

# 第4章

# お金について心地よく悩む

# 4-1

仏教ではお金について、
どのように教えていますか？

▼

**お金は幸せになるための
手段であって、目的ではない。
幸せの本質を常に問うべし！**

＜忘筌＞

資本主義の社会で生きていくには、お金は欠かせません。

そのため、お金を稼ぐことは決して悪いことではなく、働けば働くほど報酬を得ることができる世の中なので、どんどんお金を稼ぐことに励んでいただければと思います。

特に若い頃であれば、誰しも高価なものが欲しくなるし、豪華な環境に身を置きたくなります。私自身も学生時代は、勉学を後回しでアルバイトに没頭し、お金を追い求めていました。

お金が欲しいという自分の心に正直になることは、禅でもとても大切なことであり、素直に生きることは幸せに生きるためには、欠かせない生き方です。

けれども、お金はあくまで幸せになるための「手段」であり、「目的」ではないということを踏まえておくと、お金にたいして苦しむことはより少なくなります。

禅には「忘筌《ぼうせん》」という言葉があります。

魚を捕る道具のことを「筌」というのですが、その釣竿（手段）ばかりに目がいってしまうと、「本来の目的を忘れてしまう」という意味です。

既に魚を捕まえるという目的は果たしているのに、それでもまだ飽き足らずに釣竿ばかりを求めてしまう。本来の目的の魚を得て腹を満たすことで得られる満足感は得ているはずなのに、それを忘れて、いつまでも釣竿を求めてしまうと、いつの間にかゴールを見失ってしまいます。

ですので、魚を捕まえたのなら、その魚を捕る道具のことはいったん忘れましょう、というのが忘筌の教えであり、これはお金も同様です。

そもそも、私たちはなぜお金が必要かというと、幸せになるためではないでしょうか。「欲しいものが手に入る」、「ご飯をお腹いっぱいに食べる」、「いい家に住む」など、何でも構いませんが、お金は幸せを得るための手段であるはずです。

それなのに、お金を得ることが幸せの目的になってしまい、それが得られないことで不幸を感じていたら、それはまさに本末転倒です。

本来は幸せに生きるためにお金を求めるのに、いつの間にかお金を得るために生きてしまう。そうすると金の亡者となって周りが見えなくなり、強欲になって、自分さえ良ければという自己中心的な生き方にも陥ってしまいます。

お金ばかりを求めて、お金に執着してしまうと、人は幸せになれません。

仕事や事業で成功して、大金を得た人が薬物依存などに陥ってしまう例は、数多く存在します。

それとは逆に、慈善団体や財団を立ち上げて、自分が得たお金を再分配していくことで、幸せな日々を過ごしている人もたくさんいます。

どちらの生き方が幸せかどうかは、一目瞭然であるはずです。

仏教の「施し《ほどこ》」は、「程を越した分は分け与えていく」から「施し」であるともいわれます。

ではなぜ施しを大切にしているかというと、それは施すことで自分自身が幸せになれるからです。人は得るだけではなく、それを分け与えることで、幸せを感じることができるのです。

まずは自分が満たされることも大切です。けれども、自分だけでは、その幸せを感じるのに限界があります。

自分はほどほどにして、余った分は周りへ分け与えていくと、それはおのずと無限大の自分の幸せとなって返ってきます。

禅には「放下著《ほうげじやく》」という言葉があり、「捨ててしまえ」という教えを大切にしています。この言葉が生まれるきっかけとなった禅問答もとても面白いので、ここに紹介します。

ある時、厳陽尊者《げんようそんじゃ》という修行者が、趙州《じょうしゅう》和尚に尋ねます。

「私は長い間修行を続けた結果、煩悩や妄想を断つことができて、悟りを得ることができました。これから先、どのように修行したらいいのでしょうか」

修行に終わりはないのだけれども、もう修行することはないと、少し得意気になっている質問です。自分の周りにも、このように何かを成し遂げて、鼻が伸びている人はいないでしょうか。

そのような質問にたいして、趙州《じょうしゅう》和尚がその得意気な態度を痛烈に戒めて、出鼻をくじいたのが「放下著（そんな悟り臭いものは捨ててしまえ）」でした。

人の自慢話ほど、聞いていてつまらない話はありません。

成功体験から学ぶことは少なく、失敗から人は立ち直ることで、成長を得ていきます。

まさに持っていることの素晴らしさではなく、捨てることの勇気を教えてくれる痛快な一言です。

「味噌の味噌臭きは上味噌にあらず」という諺もある通り、本当に美味しい味噌は、味噌臭さがありません。そのため、本当に悟った人は、まさに悟ったようにも見えないといわれます。

本当にお金を得て大成している人は、決してそのことを誇示することなく、謙虚な姿勢を常に保たれているのと同様です。

仏教では「おかげさま」という言葉を大切にしますが、まさにお金を得ていることも、おかげさまであると心底思っているからこそ、そこには嫌味がなくなります。

お金は天下の回りもの。自分のところにとどめておいては、経済も回りません。

一度得たら、何かのために使ったり、人に回したりと、どんどん手放していく。お金を回すことで経済は活性化するといわれますが、実は仏教においても、それと共通する考え方を大切にしているのです。

人はどうしてもいろいろなものを手に入れて、自分のものにすることばかりが幸せであると感じてしまいます。

もちろん、それも自分を満たしてくれる一つの手段ですが、自分から手放して、相手に与えることで得られる喜びも、私たちは必ず知っているはずです。

たとえば、家族に分け与える幸せ。

小さい子が、自分が食べているケーキを美味しそうに見ていて、「一口食べる?」と聞くだけで、満面の笑みで返してくれる。そして、そのケーキを頬張ると、とても嬉しそうに「ありがとう」と言ってくれる。

子どもと接する中で、人のために生きることの幸せを教えてくれるのは、このような何気ない素直な子ども心の中にありますし、分け与えることで得られる幸せを私たちは既に経験しています。

常に両手が一杯では、何も新しいものを掴むことはできません。手ぶらでいるからこそ、ふとした瞬間に、手にすることができます。

自分が苦労して得たものほど、なかなか手放すのは難しいかもしれません。けれども、手放す勇気を、禅ではとても大切にしています。

それは本当に自分にとって、なくてはならないものですか。
そのお金は自分にとって、本当に幸せをもたらしてくれるものでしょうか。
それを改めて突き詰めていく先に、禅的な本当の幸せが訪れてくるのです。

# 4-2

地獄の沙汰も金次第という言葉もありますが、

お金がなくても幸せになれますか？

▼

## お金は大事だけれども、お金以外の幸せもある。
## 大切なのは満ち足りていることに気づくこと！

<足るを知る>

前述した通り、お金はあくまで幸せになるための手段の一つにすぎません。

世界一貧しい大統領と呼ばれたウルグアイのホセ・ムヒカ元大統領のように、お金がなくても幸せに生きている人は、世界にもたくさん存在します。

彼は「多くのものを必要とする者こそ貧しいのだ」という言葉を残しています。

仏教の教えにもこれと同様に、「知足《ちそく》」と書いて「足るを知る」という教えがあります。

お釈迦さまも「足ることを知る人は心が穏やかであり、足ることを知らない人は心がいつも乱れている」と、足ることを知ることの大切さを説かれました。

言われてみれば確かに、人間の欲には限りがありません。

たとえば、あのブランド品が手に入ったら幸せになれると思って、頑張って手に入れるわけですが、手に入れてしまうとまた別の物が欲しくなってしまいます。

自分が持っていないものを人が持っていると、それを欲しくなってしまうものです。

私自身も特に若い時分は、目新しいものやキラキラしたものを追い求めていました。

もちろんそれ自体は悪いことではないのですが、いつの日か必ず、その欲には限りがないこと、そして結局は手に入れてもずっと満足感を得続けることは難しいことを悟る瞬間が必ず訪れます。

そんなときに思い返したくなるのが、前述したお釈迦さまの言葉です。新しいものが欲しくなったり、お金がもっと欲しいと考えた際には、ぜひとも「足るを知る」を改めて自分自身に向けていただけたらと思います。

ただし、資本主義の社会で生きるうえでは、お金が必要不可欠であることも事実です。お金がなければ家にも住めませんし、お金がなければご飯を食べることも水を飲むこともできません。

さらにはお金がなければ勉強も子育ても、自己研鑽であってもすることができないのが、現実の世界です。

ですので、ある程度のお金を追い求めることは必要不可欠であり、これ自体を否定してはいけません。お金を集めることで幸せを感じられるのであれば、大いに集めていただけたらと思います。

けれども仏教では、人に分け与えることで本当の幸せを得ることができるという「布施」の精神、利他の心をとても大切にしています。

仏教は利他の宗教であると言っても、過言ではありません。

要するに、その集めたお金を如何に使うかによって、人間の幸福の感じ方は変わってくるわけです。

臨済宗妙心寺派龍安寺塔頭《たっちゅう》の大珠院《だいしゅいん》住職や花園大学の学長も務めた盛永宗興《もりながそうこう》老師は、ホールケーキを例にして幸福度についての話をしています《盛永宗興『見よ見よ』（禅文化研究所）》。

たとえば、目の前に一つのホールケーキがあったとして、そのケーキを自分だけで食べるならば、その幸福度は最大でもその本人の1です。ひょっとしたら半分ぐらい食べた時点で、満腹になってしまい、それ以降は幸福度は減ってくるかもしれません。

けれども、その余ったケーキを誰かに分け与えたとして、その分け与えられた人が満面の笑みを浮かべたら、最大でも1であった幸福度が、2や3へと膨れ上がっていきます。

自分の子どもや孫、他人の小さい子どもなどにお菓子を分け与えて、美味しそうに食べる姿を見て、幸福を感じない人はいないかと思います。

自分が何かを手に入ることと同様に、人は誰かに分け与えることによって、必ず幸せを感じることができるのです。

お金にたいしても同様で、誰かに分け与えることで、私たちの幸福度はより上がってくるのではないでしょうか。


さらに、昨今はモノではなく、コト消費の時代ともなっています。

モノを得ることによって得られる幸せだけではなく、コト（経験）をすることで心が満たされる瞬間が重宝されています。

かけがえのない経験や、人に感謝・感動される体験というのは、必ずその本人を幸福へと導いてくれます。


禅の言葉には「一切唯心造《いっさいゆいしんぞう》」という言葉があり、「すべては唯《た》だ心が造り出す」という意味の教えです。

幸せというものは目に見えません。また数値化することも非常に難しい曖昧なものでもあります。

では、その曖昧なものを造り出しているのは何なのかと言えば、やはり私たちの心です。要するに、私たちの幸せというのは、私たちの心が造り出すものなのです。

であるならば、お金ではなく、「いかに心豊かに生きられるか」を追い求めていく先に、私たちの幸せがあるのではないでしょうか。

そのためにも、お金によって得られるモノだけではなく、お金によって得られる経験。さらには、お金を得る過程によって得られる経験も、私たちを幸せにしてくれる要素の一つであるはずです。

ふといただいたお金よりも、自分で頑張って働いて稼いだお金のほうが、何十倍も大切に思えるのは、その要因です。

仏教は結果を求める教えではありません。

むしろ、結果なんてものはどうでもよくて、それまでの過程をとても大切にします。

結果は後からついてくるもの。お金なんてものは、自分が経験してきたものが自然と後から数値となって表れてきたもの。さらにそれは資本主義という人間が造り出した創造物にすぎないもので、幸せの本質ではありません。

本当に大切なものは、お金では決して買えません。

友情や愛、そして健康や命は、お金で買うことはできません。

お金というモノではなくて、私たちがどう生きるかという経験こそが、私たちが本当に大切にしなければならない、幸せを成すための要素となるのではないでしょうか。

人間は、裸で生まれて、裸一貫で死んでいきます。死んでしまったら、お金などは持っていくことはできません。

逆に残るのは、その人がどう生きたか。

その経験の結晶こそが、残された人々の心に刻まれていきます。

あの人にお世話になった経験。あの人に優しい言葉をかけてもらった経験。そして、あの人はどんな生き方をしていたかというのが、私たちの本当の財産なのです。

俳人の小林一茶は「はだかにて生まれてきたに何不足」という名句も残されました。

生涯を貧しく生きた小林一茶ですが、その苦しい生活のなかで、この俳句を見出します。

お金は幸せを感じる一つの要素ではありますが、それがすべてでは決してないことを、改めて私たちに教えてくれているのだと思います。

テレビや新聞、SNSなどのメディアを見ると、お金があることが正義で、幸せの象徴であるように描かれてしまいます。

けれども、そんな華やかに見えるのはほんの一面で、その見えない部分には計り知れない努力の体験や、実はつらい思いをしている裏面が必ずあります。

お金があっても幸せに生きられない人もいれば、お金がなくとも幸せに生きている人もいます。

すべては私たちの心が造り出す。

だからこそ、自分自身の幸せは、しっかりと自分自身で造り出していきたいものです。

そこにお金が一番重要かどうかは、ぜひともあなた自身の心に問い質してみましょう。

# 4-3

「自分から与えるべき」という話をよく聞きますが、
お金の正しい稼ぎ方、使い方を教えてくれませんか？

▼

**まずは自分を大切に。**
**そして程を越した分は、**
**人に分け与えることで幸せが得られる！**

＜自利利他＞

仏教は「自利利他《じりりた》」という教えを大事にしています。

これは「自分の利益と他人の利益の両方を大切にしましょう」という教えです。

人に親切にしたり、分け与えることはとても大切なことですが、それはあくまで自分あってのことです。

自らを蔑《ないがし》ろにして、他人に分け与えることは、仏教でもお薦めはしておりません。

たとえば、飛行機を乗る際には緊急時の対応の説明を受けますが、必ず酸素マスクの装着方法の案内を受けます。

その際に、子どもに付き添う親に対する説明がありますが、必ず自分のマスクを着けてから子どものマスクを着けるように指導されます。

まずは自分の安全を確保し、それから自分の身を呈して相手の安全も確保する。

仏教もこのように、自分の利益を確保してから他人を利することを大切にしています。

そしてお金に関しても同様で、まずは自分が満足できる生活ができていなければ、人に分け与えることなど決してできません。

そのため、自分から与えるべきではあるのですが、それはあくまで自分が満たされていることが前提条件で、まずは自分を満足させる。

その後に、自分だけではなく他人の利益も大切にしましょうというのが、心安らかに生きることにつながるのです。

一つの方向に偏ってしまうことも、苦しみを生む原因となります。

自分だけが幸せになっても、やはりそれは寂しいものです。自分と周りの人間が幸せになってこそ、その幸せを共有でき、感謝の心も生まれて、人から必要とされるようになります。

仏教は自己犠牲の教えではなく、誰も犠牲にならないことを目指しています。

そのため、自分も他人も両方の利益をバランスよく考えてあげることに重きを置いています。

私も、修行時代に苦い経験がありました。

修行道場では、修行僧で分担して掃除をするのですが、その担当場所によってどうしても掃除の終わりの時間に差が生じます。

修行中は常に寝不足で、肉体労働も多いことから、疲れもストレスもたまっています。そのため、入門当初の私は、自分の担当場所の掃除を早く終わらせて、空いた時間に少しでも休もうと考えていました。修行中の身なのに、恥ずかしいことです。

そんな折に、私が休憩をしていた最中、私の同期が後輩の掃除の担当場所を手伝っていました。

私はその行動に少し腹が立ち、同期になぜ手伝うのかを問いました。

掃除には役割分担があり、皆それを頑張って各々まっとうしている。そのため、後輩を手伝うことは、その後輩のためにもならないというのが私見でした。

その同期は、私の意見をいったんは聞き入れましたが、けれどもその後も変わらず、後輩を手伝い続けていました。

私は納得がいきませんでしたが、それ以上言っても聞き入れないので、そのまま月日は流れました。

修行中や坐禅の際にも、私はそのことが頭から離れず、ずっと考えを巡らせていました。そして、改めて自分自身を見つめてみた結果、やはり私は自分の利益ばかりを考えており、相手の利益を考えていないことに気づかされました。「手伝った後輩のためにならない」というのは、自分の休憩を優先させた利己的な考え方でした。

そして私も、その後輩を手伝ってみると、後輩に感謝されるだけでなく、自分自身も心がスッキリとして、すがすがしい気分になることにも気づきました。

自利利他の「利他」の部分は、つまるところ「自利」にも通じていたわけです。

そして自利の部分も、前述した通り、自利がなければ利他も成り立たないので、つまるところ、利他に通じています。

要するに、自利＝利他。自利利他というのは、それぞれが独立しているのではなく、それは片方を行った際には同時にもう片方も起こっている。自利利他は一体となって成立しているわけです。

前述した通り、禅は、自分と他とが一体となる境地を目指します。

自分と相手とが一つと考える。だからこそ、相手の苦しみは自分の苦しみでもあるし、自分の苦しみは相手の苦しみでもあります。

だからこそ、自分の利益は他人の利益であり、他人の利益は自分の利益であるのです。

常にその意識を心掛けておくことが、実はお金を扱う上でもとても重要です。


ビジネスの世界でも、ＷＩＮ-ＷＩＮの関係であったり、すべてのステークホルダーを大切にすることを大切にしています。

自社の利益ばかりを追求しても、結局はその会社の利益が伸びないことを、経営者や経済学者もよく説かれます。

京セラの創業者で日本航空の再建にも尽力された実業家の稲森和夫氏は、「人間学を学ぶ月刊誌『致知』」のインタビュー「人生で一番大事なものは？」という質問にたいして次のように答えています。


人間は常に「自分がよくなりたい」という思いを本能として持っていますけれども、やはり利他の心、皆を幸せにしてあげたいということを強く自分に意識して、それを心の中に描いて生きていくことです。

いくら知性を駆使し、策を弄しても、自分だけよければいいという低次元の思いがベースにあるのなら、神様の助けはおろか、周囲の協力も得られず、さまざまな障害に遭遇し、挫折してしまうでしょう。

「他に善かれかし」と願う邪心のない美しい思いにこそ、周囲はもとより神様も味方し、成功へと導かれるのです。(「致知」2018年5月号)

自分を犠牲にしていては、そもそも分け与えることはできません。

しかしながら、自分だけが稼いで利益を独占していても、結局は幸せになれません。

まずは自分のお金を大切にして、そこから他人にも利益を分け与えていく。

そこに幸せに生きるヒント、心地よく生きる術があるように思います。


2012年にノーベル生理学・医学賞を共同受賞された京都大学の山中伸弥教授は、「成功したときはおかげさま。失敗したときは身からでた錆」という言葉をよく使われます。

人はどうしても、逆に考えてしまうのではないでしょうか。

成功したときは自分のおかげ。失敗したときは人のせい。

けれども、成功したときこそ、周りの人に感謝をする。失敗したときこそ、自分に原因があって、しっかりと反省をする。

これがお金の正しい稼ぎ方、使い方にも通じています。


成功してお金を手にしたときこそ人のために使い、失敗してお金をなくしたときこそ自身を顧みてしっかりと反省をし、再度自分を磨くためにお金を使っていく。

自分と他人に偏り過ぎず、おかげさまの心を忘れずに生きることが、お金との心地よい付き合い方であるのです。

# 4-4

お金があればほとんどの悩みはなくなるという考え方を、

どう思いますか？

▼

## 人の欲には限りがない。
## 目の前の幸せに気づくことが大切！

＜当たり前の有り難さ＞

日本は資本主義社会なので、資本＝お金が増えれば、ある程度の幸せを得ることができます。

お金を払うことで欲しいと思う物は手に入るし、やってみたい体験も行うことができます。

確かに、お金があればほとんどの悩みはなくなるというのは、一見すると正しいように思えるでしょう。

しかしながら、欲しいものが手に入ったら、また新たに欲しいものが生じてきます。

やりたかった体験ができたら、より強い刺激や別の体験を求めてしまいます。

人の欲には限りがないので、お金は確かに望みを叶えてくれるかもしれませんが、それは同時に、新しい悩みも生まれることになります。

インターネットやYouTube、テレビなどのメディアでは、どうしてもお金があることが注目されて、それがあたかも幸福の象徴であるように報道されてしまいます。

しかしながら、本当にそれは正しいのでしょうか。

先に紹介したホセ・ムヒカ元大統領のように、お金がなくとも十分に満たされている人もいます。

ブータン王国はＧＤＰが世界に比べて高くないですが、国民の幸福度はとても高いといわれています。

日本のＧＤＰを戦後10年目の１９５５年と２０２０年で比べると、１９５５年は約９兆円にたいして２０２０年は約５２６兆円になったにも関わらず、日本人の生活満足度は戦後10年目と現在でもあまり変わっていないという調査報告もあります。

日本の経済規模が大きくなっても、満足度はそれと比例して右肩上がりにはなっていないのが現実です。

そのため、ある程度のお金は必要かもしれませんが、お金があれば幸せになれるとは限らないのです。

また、大金を得たセレブリティが薬物依存に陥ってしまったり、私生活を壊して幸せとはいえない状況に陥ってしまう人もいます。

病気や怪我は、どんなに大金を使っても完治できないものもありますし、いつ病気や怪我になるかわからないリスクから逃れることもできません。

いわんや、死という恐怖からは、決して逃れられません。

悩みや欲はなくなるものではなく、限りがないことに気づくことが、まずは大切な第一歩です。


禅の逸話に「瓦を磨いて仏になれるのか？」というエピソードがあります。


南嶽《なんがく》懐《え》譲《じょう》禅師の下に、馬《ば》祖《そ》道《どう》一《いっ》禅師という弟子がいました。

馬祖がまだ修行中のころ、師匠の南嶽が、坐禅をして修行している馬祖にたいして、「なぜ坐禅をしているのか」を問います。

すると馬祖は、「仏になるために坐禅をしている」と答えます。

それを聞いた南嶽は、地面にあった瓦を拾って、おもむろに磨きはじめました。

馬祖は、「何をしているのか」と尋ねると、南嶽は「瓦を磨いて鏡にしている」と返しました。

それを見た馬祖は、「瓦をいくら磨いても鏡にはならない」と答えます。

すると南嶽は、「それならば、お前もどうして坐禅をして仏になれるというのか」と返したという禅問答です。

この問答にはさまざまな捉え方がありますが、一つの考え方として、仏を尊い存在として自分の外に求めている馬祖を、師匠の南嶽は戒めていると見ることができます。

そしてこれは、たとえば「憧れの存在になりたい」という悩みにたいしても、同様に当てはまります。

「あの有名人のようになりたい！」

「あんなにカッコよく、可愛くなれれば、幸せになれるのではないか」

そのために、お金をかけて、自分以外の存在になろうとする。

これはまさに瓦を磨いて鏡にするが如く、外に仏を求めている馬祖と同じです。

私は、私でしかありません。

私は、私にしかなれないし、どれだけ磨いても私に変わりはないのです。

けれども、その磨いた私は、必ず過去の私よりも輝いていますし、美しい存在になっています。

お金は一時の悩みを解決してくれる手段ではありますが、最終的には自分が納得をしなければ、悩みがなくなることはあり得ません。

そのためには、自分を見つめて、自分が自分であることを認めてあげなければ、永遠に悩みが解決することはないのです。

そもそも、お金で解決できる悩みであれば、それは大した悩みではないかもしれません。

お金で身長は伸ばせませんし、顔や容姿を劇的に変えることもできず、知能も上げることはできません。

それはまさに瓦を磨いても鏡になれないのと同様に、己の外に自分の幸せを求めても、決して得られるものではないのです。

「アンパンマン」の作者であるやなせたかし氏は、次のように述べています。

幸福とはなんだろう。幸福の正体はよくわからない。お腹をすかせて一杯のラーメンが

とてもおいしければ、それは本物の幸福だ。（中略）
健康でスタスタ歩いているときには気がつかないのに、病気になってみると、当たり前に歩けることが、どんなに幸福だったのかと気づく。幸福は本当はすぐそばにあって、気づいてくれるのを待っているものなのだ。（『やなせたかし　明日をひらく言葉』ＰＨＰ研究所）

幸福は求めて手に入れるものではなく、既に近くにあることに気づくものなのです。


私は右肘を幼少期に怪我をして、それ以降は右肘が真っすぐ伸びません。

学生時代はバレーボールもやっていたので、伸びない肘にいろいろと悩まされました。

やりたいスポーツができなかったり、見た目にコンプレックスを抱えることもありました。

そして、お金をかけて右肘の整形手術も行いましたが、結局完治せず今でも伸びないままです。

これまで、伸びない右肘を伸ばそう伸ばそうと、試行錯誤を繰り返してきました。

右肘さえ伸びれば悩みは解決されるし、幸せを得られると考えていました。

けれどもそれは間違いで、右肘は結局伸びないと諦めて、伸びない右肘を受け入れたときに、気持ちが少し楽になりました。


たとえ右肘が伸びなくとも、やれることはたくさんある。

逆にそれが話の起点になったり、一つの特徴として相手に覚えてもらえることもある。

右肘が伸びないおかげで左手が器用になり、今では伸びない右肘が一つの個性となっている。


そもそも、右肘が伸びない期間のほうが人生において圧倒的に長いので、伸びない右肘に愛着も湧いています。

右肘を伸ばすことを諦めたときに、伸びなくてもいいという一つの幸せに気づくこともできました。


実は仏教では「諦める」ことは「真実を明らかにする」ことであり、努力したうえでの諦めは良い諦めであるといわれています。

お釈迦さまも苦行や難行を諦めたときに、苦楽のどちらにも偏りすぎない中道に気づいて悟りを得ました。

諦めは実はポジティブなことでもあるので、悩みを解決するうえでも、諦めは肝心です。

仏教や禅は、お金では解決できない悩みを解決する方法を提供しています。

しかしながら、それは誰かの体験談でしかなく、究極の解決法ではありません。

最後はやはり、自分自身でその悩みの解決法に気づくしかありません。

お金で解決できる悩みもありますが、解決できない悩みが生じたときは、ぜひとも仏教や禅に頼ってください。

一日一度は静かに坐って、身体と呼吸と心を調える坐禅を試してください。

そこには必ず、あなたなりの悩みの解決法が見つかるはずです。

# 4-5

ケチと節約家の違いは何ですか？

▼

## ケチは自分だけ、
## 節約家は人のためにもお金を使う。
## 誰かのために生きる喜びを知る！

<布施行>

ケチと節約家の違いは、自分のためだけにお金を使うか、人のためにもお金を使えるかの違いだと思います。

お金を重宝するのは当然のことですが、それを自分だけで独占していては、周囲は幸せになれませんし、ケチな人と見られてしまいます。

お金は天下の回りものですから、自分だけにとどめるのではなく、周囲の人へも巡らせることで、みんなが豊かになりますし、経済もよくなります。

仏教では「布施行《ふせぎょう》」という修行をとても大切にしています。

布施と聞くと、お金を包んで僧侶に差し出すお金のイメージが強いですが、本来は「見返りを求めない無償の施し」を指します。

そしてこの無償の施しは、布施する人も、布施される人も、両方が幸せになれるからこそ、仏教は薦めているのです。

大切な人にプレゼントを贈ると、贈った人も贈られた人も幸せになれます。

困っている人を助けると、その困っている人も助かり、助けた本人も心が温まって幸福

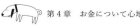

感を抱きます。

寄付やリターンなしのクラウドファンディングは、誰かに無償の施しを行うことで、施した本人も幸せになれるからこそ、成り立っている行いです。

仏教では施す側の布施の行為を「喜捨《きしゃ》」ともいい、「喜んで捨てることで人は幸せになれる」と説きます。

禅の修行道場では、今でも「托鉢《たくはつ》」を行っており、この喜捨の実践の場を提供しています。托鉢は、お椀のような容器をもって、さまざまな人にお金や食べ物を恵んでいただく乞食行《こつじきぎょう》です。

これは決して貧しさや空腹を解消するために行うのではなく、お金や食べ物を喜んで人に与える（捨てる）ことで、その与えた本人が幸せを感じ、心安らかに生きられるから行っているのです。

与えるほうもいただくほうも、双方が幸せになれるのが托鉢であり、喜捨のご利益《りやく》であるのです。

この喜捨は、お金以外にも実践できます。「無財《むざい》の七施《しちせ》」と言い、金銭を与える以外にも七つの布施行があります。

①「眼施《がんせ》」――優しい眼差しで接すること
②「和顔施《わがんせ》」――にっこりと和やかな笑顔で接すること
③「言辞施《ごんじせ》」――ものやさしく思いやりのある言葉をかけること
④「身施《しんせ》」――相手を敬い、自分の身体を使って奉仕すること
⑤「心施《しんせ》」――相手の立場にたって心をかけていくこと
⑥「床座施《しょうざせ》」――相手に座席を設けたり、譲ったりすること
⑦「房舎施《ぼうしゃせ》」――風や雨をしのぐ場所を与えること

このようにお金以外でも、私たちは布施を実践でき、喜んで捨てられるものがあるのです。

ケチな人は、顔がしかめ面になったり、電車で頑なに自席を独占したりしています。
そういう人を見て、自分もこうなりたいと思う人はいないでしょう。

ケチな生活を続けていると、顔や言葉や行動にも、おのずとケチな様相が現れてしまいます。

私たちはお金以外にも無限に分け与えることができるので、ぜひともケチな人にはならないように心がけたいものです。

仏教には「三尺箸《さんじゃくばし》の喩《たとえ》」という教えもあります。

地獄の世界も極楽の世界も、その住人たちの食卓に違いはなく、どちらもたくさんのご馳走が用意されています。

ただし、どちらも三尺（約1メートル）もある長い箸を使って、食べなければなりません。

そんな中で、地獄の住人たちは、先を争って食べようとするわけですが、長すぎる箸を使いこなせず、やがて周囲と争いを起こしてしまい、せっかくのご馳走を食べることができません。そのため、まさに争いの絶えない状況で、いつも飢餓に苦しんでいます。

それにたいして、極楽の住人たちは、長い箸でご馳走をつまむと、自分より先に向かい合う相手に食べさせてあげて、自分は相手がつまんだご馳走をいただいています。そのため、お互いを思いやる和やかな状況で、楽しく満ち足りた心持ちで暮らしています。

地獄も極楽も、同じ物を使っているにも関わらず、布施の精神の有無で、まったく状況も幸福度も変わってくるわけです。

まさに前者の地獄はケチな世界です。

自分自身は最小限でも構わない。その節約した分は誰かのために分け与えるのであれば、これは立派な仏さまの生き方にも通じているのです。


また、無償の施しを行う布施行では「三輪空寂《さんりんくうじゃく》」の教えもあります。

これは「与える人」「与えられる人」「与える物」の三つが、執着から離れて清らかでなければならないという教えです。

人から盗んだ物を誰かに与えても、そこに幸せはありません。

相手に媚びたり、何か忖度《そんたく》があって与えるのであれば、それは取引でビジネスの世界です。

「私が与えてあげたのに！」と恩着せがましくすると、相手も素直に喜べません。

与える側も、与えられる側も、利己的な欲求や考えに執着するのではなく、何ものにも捉われていない清らかな心を持つことが大切です。

さらに、ローンや借金をするというのは、身の丈に合わないことを求めている証拠です。奨学金や住宅ローンなど、どうしてもまとまったお金がなく、その時に必要なものであれば、それは決して悪いことではありません。

けれども、できることならそうしなくてもいいように、周りの人を頼ったり、自分の懐事情をごまかすことなく明らかにすることも、時には必要です。

自分の弱さを見せることは決して恥ずかしいことではなく、布施の教えがあれば、助けを求めるというのは、助けてあげる人を幸せにする機会を提供していることでもあります。

禅は己事究明であるとともに、本当にそれが自分に必要かどうかを見極めることを大切にしています。

「正しい」という字は「一旦止まる」と書きます。

ローンや借金をする場合は、いったん立ち止まって、それが本当に自分に必要かどうかを改めて正しく判断していただきたいと思います。

人は衝動や欲望に駆られて、どうしても我を忘れてしまう瞬間があります。

欲が頭から離れなかったり、そのことをずっと考え続けてしまうこともあります。そんなときこそ深呼吸。姿勢を調えて、呼吸を調えて、心を調えることで、ローンや借金をしてまで本当に自分に必要かどうかを見つめ直してみましょう。

ある禅僧が、「禅の極意とは何ですか？」と問われたときに「照顧脚下《しょうこきゃっか》」と答えました。「脚下照顧《きゃっかしょうこ》」ともいいますが、「自分の脚下をよく照らして、自分のことをしっかりと顧みなさい」という意味です。

「それは本当に必要なのか？」

「そしてそのために自分は今何をすべきなのか？」

常日頃からそれを見つめていくのが、心安らかに生きるための禅の極意です。

お金は大切であるからこそ、うまく付き合っていかなければなりません。

そのためには、必ず自分自身を顧みることが大切です。

お金に振り回されるのではなく、お金をしっかりと使いこなして、心地よい毎日を過ごして参りましょう。

Chapter5

# 第5章

# 仕事について心地よく悩む

# 5-1

仕事にやりがいを感じるためには、
何が必要ですか？

▼

**流れに身を任せて、まずはやってみる。**
**やりがいは、**
**やった後におのずとついてくるもの！**

<結果自然に成る>

好きなことを仕事にしたい。やりがいをもってプロジェクトに取り組みたい。誰しも働いている身であれば、それを理想に感じるように思います。

私自身も、仕事については、本当によく悩みます。そもそも「僧侶が仕事なのか？」と問われれば、「それは違う」と言われるかもしれません。

僧侶は生きざまだから、常日頃から仏道に精進しなければならないと、厳しい先輩からはお叱りを受けるかもしれませんが、私はそんな聖人ではありませんし、できた人間でもありません。

ですので、僧侶という〝仕事〟にやりがいを感じるまでに、とても長い時間も費やしました。

私は、愛知の田舎町のお寺に生まれたいわゆる「寺の子」です。お寺生まれ、お寺育ちで、何の気なしにお寺で育ちました。

小さい頃からお盆の時期だけは、お寺のお手伝いをしていましたが、あくまで自主的ではなく、やらされている身で、お寺に生まれたからしようがない精神で、何となく手伝っていただけです。

まったくもって、「やりがい」なんてものは感じていませんでした。

お寺の子に共通することでもありますが、お寺に生まれるとお寺の有難さをわかっていません。

本堂や境内が遊び場で、野球のボールが本堂のガラスに直撃し、当時住職であった祖父に厳しく叱られた思い出もあります。

敷かれたレールを歩むのも嫌で、学生時代には僧侶になりたくないと心中に秘めていました。

昔から本がきらいで、答えが一つに定まる理数系が好きだったので、大学から愛知を出て東京へ向かい、情報工学科でコンピュータを専門に学んでいました。

当時はＩＴ革命と呼ばれた時代で、ヒルズ族などの華やかな世界に憧れていた私は、ただ流行に流されていました。できることならＩＴ社長になりたいと夢見ていた時もあったように思います。

しかしながら、そんな私が今ではお坊さんであることが大好きです。

一人でも多くの人に仏教や禅を知っていただきたいですし、仏教を広めることにやりがいを感じています。けれども、前述した通り、そこにたどりつくまでには時間がかかりました。

仕事にやりがいを感じるには、どうしても時間と労力が必要不可欠なのです。

拙《つたな》い私の僧侶の道ですが、仕事にやりがいを感じるには二つのことが大切だと思います。

一つは、自分を見つめること。

そして、もう一つは、流れに身を任せること。

まず一つ目の「自分を見つめる」というのは、禅の根本です。前述してきた通り、禅は己事究明であり、己を探求していくことで、自らを明らかにしていきます。

そのため、自分の仕事のやりがいを見つけるには、やはり自分の外側を見るのではなく、内側を見なければなりません。

あの人は、あんな仕事をしていて羨ましいとか、あの人は、あんな職場にいて良いなと、人と比べているようでは、やりがいを見つけることは、おそらくできません。

仕事にやりがいを感じるには、まずは、自分自身をよく見つめ直していくしか方法はないのです。

そもそも、「やりたいことがある！」というのは、珍しいパターンではないでしょうか。なかなか自分がやりたいことを、ずばりと言い切れる人は少ないように思います。

私自身も、子どもの頃に描いた最初の夢はパイロットでした。パイロットになって、大空を自由に飛び回りたい。かっこ良く世界に向けて仕事をしたいと思い描きましたが、身長が足らず、視力も悪かったため、すぐに諦める時期がやってきました。

その後に考えたのが、ＩＴの世界で華やかに生きていく。こちらも稚拙な発想だったように思いますが、周りの就職活動などが始まると、初めて自分自身をまともに見つめる機会をいただきました。

自分はお寺で生まれ育った身。今ここで悠々自適に学生生活を送れているのも、お寺のおかげさま。

外に向けるのではなく、自分に目を向けることで、改めてお寺や僧侶というものに、真剣に向き合うことができました。

そこから、何とか仏教を勉強して、禅の修行道場で体験をしていく中で、おのずと禅が好きになっていきました。

ですので、二つ目は「流れに身を任せること」です。

修行時代にお世話になった老師は、流木《りゅうぼく》を例にしてよく次のような話をしていました。

私たちは、大いなる大河を流れている小さな流木のようなもの。どんなに足掻《あが》いたって、抵抗したって、その流れに逆らうことはできない。大いなる海へ帰っていくだけである。その途中で、岸に当たったり、岩に当たったりして、自分が傷つくこともあるかもしれない。

けれども、それによって個性が生まれて、角が取れて、丸みを帯びて味が出て、徐々に流れの緩やかなところを、優雅に流れることができるようになる。時には溺れかけている人が、流木に捕まってくるかもしれない。そんな時は大いに助けになってあげなさい。

まずは、流れに身を任せて、進んでみることが大切である。

と我々に諭《さと》してくれていました。

確かに流れに身を任せて、とにかく今の道を進んでみると、おのずと「やりがい」は発見できると、私は信じています。

「辛抱」という言葉があるように、仕事にやりがいを感じるには、やはり辛抱することが大切です。

「辛い」という字に「一」を足すと「幸せ」になるとも言います。

ちょっと苦しい環境でも、もう一歩だけ、もう少しだけ頑張ってみると、幸せはやってくる。あと一歩、あと少し進んだ先に、流れは緩やかになるのだと思います。

最初からやりがいを感じられる仕事は少ないですし、そもそも最初から感じていたら、なかなか成長はできません。

はじめは訳もわからず、やりがいも感じられないからこそ、その仕事のやりがいを求めて頑張ることができるのではないでしょうか。

禅で大切にしている坐禅も、そもそも「やりがい」をもって座るものではありません。まずは座ってみて、そこから何か発見することができればラッキーぐらいの精神で、始めるのが大事です。

そして何より、坐禅はどう考えても最初は足が痛いし、あの姿勢は堅苦しくつらいものです。

けれども少し頑張って、その坐禅を続けていくと、自然と足も慣れてきて、つらかったはずの姿勢が楽になり、すごく気持ちよくなる瞬間が必ず訪れます。

今、働いている仕事があれば、それだけでまずは万々歳です。

そして流れに身を任せて、自分を見つめる機会を大切にすることで、必ずやりがいは向こう側からやって来ます。

それを信じて、流れるプールで浮き輪に乗って身を任せるが如く、悠々と流れていきましょう。

そうすれば必ず、自分で自分の幸せを発見できるのですから。

# 5-2

仕事では、ライバルに勝ちたい気持ちや
人の成績が気になってしょうがないです。
そういう気持ちはいけないことですか？

▼

**人と比べても苦しいだけ。**
**比べるなら過去の自分自身と比べて、**
**一歩でも前へ！**

＜脚下を看よ＞

人のことを気にする気持ちは、とても大切だと思います。ライバルに勝とうという意欲は、生きる力や活力にもつながりますし、その気持ちがあるからこそ、私たちは意欲的に仕事をすることもできます。

自分を相対的に見るためにも、ライバルや相手のことを気にすることは、生きるうえでは必要不可欠です。

ただし、仕事のライバルと比べることで自分の価値観を決めるのではなくて、そもそも「自分が何をしたいのか」「自分がどこへ向かっていて、今何をすべきなのか」というのを考えて自分の価値を決めるのが、仏教的にはとても大切です。

要するに、ライバルだけではなくて、同時にしっかりと自分を見つめること。

人に勝ちたい気持ちは、決して悪いものではありませんが、ライバルばかりに気を取られていると、足元をすくわれて、自分のやるべきことを見失ってしまうからです。

イソップの童話で有名な「ウサギとカメ」の話にも、次のような禅的な解釈があります。

ウサギとカメの童話で、「ウサギはどうしてカメに負けたのか」という問いにたいして、ある人が次のように答えました。

「ウサギはいつでも勝てると油断があった」


人生油断してはいけないという戒めです。

私自身も、ウサギとカメの童話で大切なのは、この油断大敵であると思っていました。

ウサギとカメの童話では、足の速いウサギと足の遅いカメが競争をします。

よーいドンとスタートを切って、しばらくしてウサギは何をするかというと、カメを見ます。

まずカメを見て、まだあんなところに居ると知って、ウサギは木陰で休みます。すると
ウトウト寝てしまって、気がついたときには、カメはゴール手前にいました。

そこで急いで追いかけていくけれども、カメに追いつけずにウサギは負けてしまいます。

そのため、ウサギは油断をしていたからカメに負けたのだと、私も考えていました。


すると、ある人は次のように返しました。

それは0点の答えです。カメにとって相手はウサギでもライオンでもよかったはずだ。なぜならカメは一度も相手を見ていない。カメは旗の立っている頂上、つまり目標だけを見つめて歩き続けた。一方のウサギはカメのことばかり気にして、大切な目標を一度も考えることをしなかった。

これは、ジュポン化粧品の故養田実社長の言葉で、「人間学を学ぶ月刊誌『致知』」の2022年5月号に掲載されていた記事を私なりに解釈してみました。

言われてみれば確かに、ウサギはカメのことばかり気にして、自分のこれからの行動を決めています。これにたいしてカメは、相手ではなく常に自分を見て行動しています。

それがおのずと、ウサギが負けてカメが勝つという結果に表れているわけです。

そして私たちも日常生活において、このウサギのような生き方をしていないでしょうか。

たとえば、「あの人はあんなに出世をしているのに、自分はまだこんなところにいる」

「あの人はあんな綺麗な物を持っているのに、自分は手に入れることはできない」

「私はこんな素晴らしい家に住んでいるのに、あの人はそんなところにしかいない」など。

このように自分ではなくて、ライバルのことばかり気にしていると、結局ウサギのように幸せにはなれません。

そして、相手のことばかり気にしていると、ウサギのように足元をすくわれてしまうかもしれません。

相手に捉われすぎないことと、自分を見つめることの大切さを教えてくれるのが、ウサギとカメの童話の禅的な見方です。

私たちも仕事や私生活を過ごすうえで、ぜひとも教訓としておきたいものです。


さらに言えば、童話ではカメが先にゴールします。

最後に、やはりウサギが勝ちました、では童話としてもオチが成り立たず、おそらく今の今までこの童話が伝わってこなかったかもしれません。

しかしながら現実世界においては、ウサギのような天才肌の存在が、カメのようにコツコツと努力をしている存在に勝ってしまうシーンもあるかと思います。

なぜなら、この世は理不尽であるから。足の速い才能に、一所懸命に頑張る努力が負けてしまうことも、やはり起こり得ます。

けれども、カメの生き方であれば大丈夫です。

なぜなら、「ウサギが先にゴールしようがしまいが、おそらくカメの幸せにとっては、大して影響はなかったのではないか」と解釈できるのが、さらに禅的な見方であるからです。

そもそもカメは、相手と闘っているのではなく、自分と闘っています。

「自分は今どこに向かっているのか」

「そのために、今の自分は何をしなければならないのか」

常に自分を見つめて、そこから行動や価値基準を決めているのが、カメの生き方です。

カメにとってはゴールにたどりつくことが目的であり、彼の幸せなのです。

そのため、ウサギが先にゴールに着こうが、カメの幸せには大して影響はなかったと捉えるのが、より禅的な捉え方です。

そして、そんなカメのような生き方ができれば、私たちは必ずゴールにたどり着けるし、競争相手であるライバルとも、より良い関係性を築けるのではないでしょうか。

ライバルや相手ではなく、自分を見つめることで幸せに生きることができることを、カメの生き方から学ぶことができるのです。

もちろん前述した通り、ライバルに勝とうとする意欲は大切です。

仕事において目標を設定して、その目標に向かって突き進むことは、何をするにしても必ず必要なことです。

ですので、仕事に対するモチベーションを保てるのであれば、極端にカメのように生きるだけではなくて、ぜひともウサギのように相手のことも気にしてください。

しかしながら、やはりそれは人と比べて生きている生き方であることも、決して忘れてはいけません。

最終的には、人と比べても何も解決はしません。

つまるところは、自分が納得をして、自分がゴールにたどりつくことでしか、自分の幸せを得ることはできません。

相手との相対的な見方では幸せを得ることは難しく、自分自身の絶対的な見方でないと、幸せは得られません。

ですので、仕事などで行き詰まった際は、ぜひとも坐禅でもして、外側ではなく自分を見つめ直す時間を大切にしていただければと思います。

そして、今の自分の仕事や環境があること。さらには仕事仲間や周囲の人間がいること。そして何より、健康で働けている自分がいること。

そういった一つひとつの当たり前が当たり前ではないことへの感謝の念を抱くことによって、ライバルよりも心豊かな日常、誰よりも幸せな日々に気づいていただけたらと思います。

なぜなら、私たちは幸せになるために仕事に励んでいるのではなく、幸せであるから仕事に励むことができるのです。

# 5-3

組織のメンバーのモチベーションや
帰属意識を高めるためには、
どうしたらいいですか？

▼

**相手に気づいてもらうこと**
**そのために、まずは自分が**
**その組織を一番好きになる！**

＜自らの心を信じる＞

就業年数も重ねてくると、役職や地位も少しずつ上がり、組織をまとめたり、メンバーを管理したりする職種にも就くようになります。

今までは言われたことをしていれば良かった仕事も、だんだんと人を動かしたり、メンバーのモチベーションを上げる立場に変わってきたりすると、また新しい悩みも生まれてきます。

「どうしたら人を自分の思うように動かせるのか」

企業研修や講演会の質疑応答の時間にも、本当によく出る質問です。

結論から言うと、人の意識を変えることはできません。

少し語弊があるかもしれないのでつけ加えますと、「自分の思い通りに人の意識を変えることはできない」ということです。

もちろん、上司が部下に命令をして、人の行動を変えることはできます。

けれどもそれはあくまで、上下関係を踏まえた上での指示に従っているにすぎません。

給料をもらっている以上、組織での役割があるから、その状況に応じて人が動いているだけです。

そもそも、人を自分の思い通りに変えようとすることほど、おこがましいことはありません。

人間は各々が、自分が一番大切で、みんな自分のために生きています。

ですので、人を動かすことや、人の意識を変えることで最も重要なのは、その相手に「自ら気づいてもらうしかない」ということです。

相手を変えるのではなくて、相手に気づいてもらう。

そのために、自分はいろいろなアシストやパスを出すのであって、最後は本人にゴールを決めて（気づいて）もらうしかないということを心掛けることが必要です。

そして何より、組織のモチベーションを上げたり、帰属意識を高めるためには、まずは自分自身がその組織や仕事が好きであるかどうかが大切です。

たとえば、その人が好きでもないものを人から薦められても、気持ちはなびきません。

逆に自分が好きでもないものを人に無理やり薦めても、おそらくボロが出て、相手に好きになってもらうことは難しいでしょう。

営業の場面などで、自分が好きでもないもの、信じてないものはなかなか売れないのと同様です。

自分の好きなものを好きになってもらうには、まずは自分が好きな姿を見せること。

モチベーションを高めたいのであれば、誰よりも「自分が」モチベーションが高いこと。

帰属意識を高めたいのであれば、誰よりも「自分が」帰属意識が高いこと。

これが何より重要であるというのが、実は仏教や禅でも共通しているのです。

私も仏教を伝える布教の現場で、先輩からよく指導を受けました。

「そもそもあなたは禅を信じているの？」「お釈迦さまのこと好き？」と尋ねられました。

そんなときに、ドキッとしたことを覚えています。

さんざん資料を集めて、仏教や禅の専門用語を並べて、人さまに教えを説いているのだけれども、そもそも自分はその教えを信じているのか、その教えに心底納得をしているのか、そのど真ん中をズバッと刺されたように感じました。

言われてみれば私自身も、禅の教えに救われた瞬間がありました。挫折やつらい経験をした際に、禅の教えや坐禅を実践することによって、心が楽になった時がありました。その時の経験や、その時に気づいたことなどは、いろいろと難しい言葉を並べなくても、おのずと伝えたい言葉が出てくるし、真剣な眼差しになって、話す相手も聞き入ってくれます。

自分の想いを伝えたいならば、「まずはその想いに自分自身が成りきれているか」。禅では常にこのことを、自分自身に問い質しているのです。

仏教では、信じる心のことを「信心」と名づけて、仏教を修得するうえで最も大切であると説きます。

まずは仏教を信じる心を起こすこと。これがないと仏道の道は始まりません。

仏教の教えを学ぶにも、坐禅の修行を実践するのも、信心があるからこそ知識になりますし、つらい修行にも耐えることができるのです。

たとえば、ラーメンの魅力を伝えるには、「ラーメンのつくり方ではなく、ラーメンの美味しさをまず語りなさい」と指導を受けました。

禅の魅力を伝えるにも、坐禅のやり方や、禅の言葉の解説をするのではなく、「まずは禅というものがいかに美味しいのか、生きる智慧となり救いとなるのか」を伝えなさいといわれました。

まだその魅力が伝わっていないのに、その中身を事細かに説明してもなかなか伝わりません。

そうではなくて、まずはそれを好きになってもらう。そのためには、一緒にラーメンを食べたり、つらい思いを共有したり、右往左往《うおうさおう》しながら共に歩んでいくことが重要です。

組織のモチベーションを上げるなら、難しいプロジェクトを共に苦しみながら挑みましょう。

帰属意識を高めるのであれば、まずは自分がその組織を大好きな姿を見てもらいましょう。

相手が楽しく、やりがいを持って頑張る姿を見たら、自分もおのずとその輪に混ざりたくなります。

言葉で伝えるのではなくて、自らの行動で相手に気づいてもらう。

その心がけが、モチベーションアップや帰属意識の向上には必要不可欠なのです。

別の質問で、「子ども夫婦にお墓参りの大切さを知ってもらうにはどうしたらいいのか？」というものもありました。

昨今、墓じまいを考える人が増えるなど先祖供養の機会が減っているなかで、その大切さを伝えたいという願いでした。

私自身も宗教者として、常に向き合っていかなければならない問いでしたが、お墓参りの醍醐味は、やはりその結果ではなくて過程です。

お墓を綺麗にすること、お花を供えてあげること。そして蝋燭とお線香をあげて手を合わせること。

これらはすべて、その過程がとても大切なのです。

お墓に行くまでの道中では、その故人のことを思い出します。おじいさんにはよく叱られたとか、おばあさんには優しい言葉をかけてもらったとか、その人との思い出が蘇ります。お墓を磨けばその人に触れているような感覚になるし、お花を供えればその人がほほ笑んでいるようにも感じます。そして手を合わせて祈ることで、心に故人が現われます。

道中の苦労や、汗水たらした経験が、おのずと心温まる瞬間に昇華されるのです。お墓掃除が終わった後に飲むお水ほど、喉を潤し、心温まる水はありません。お墓参り代行サービスというものも登場していますが、それだけではたとえその場は綺麗に掃除されて華やかに彩られたとしても、自らの心に残るものがまったくもって違います。

心が安らかになる瞬間というのは、必ずそこに至るまでの、どちらかというと苦しい経験（過程）が必要なわけです。

モチベーションを上げるにしても、帰属意識を高めるにしても、何より大切なのは、自分の中に信じる心があるかどうかです。

それを問い質していくことが重要な第一歩で、そこから自分の背中を見てもらって、辛抱強く苦楽を共有していく。

その先に必ず相手の意識の変化（気づき）が表れると私は信じています。

# 5-4

上司が自分を評価してくれず、
有言不実行で困っています。
どうしたらいいですか？

▼

**相手は自分の鏡である。**
**自分が有言不実行にならないための**
**先生として見る！**

<立ち向かう人の心は鏡なり>

会社は選べても上司は選べない。会社で働く上での宿命です。禅の僧侶も修行道場へ入門しなければなりませんが、道場を選ぶことはできても、そこにいる先輩方を選ぶことはできません。

どこの世界においても、嫌な上司や自分と合わない先輩は存在するように思います。

自分を評価してくれない上司にたいして、部下ができることは限られています。組織である以上、上からの命令には従わねばなりませんし、下克上を起こしてドラマチックな展開を想像しても、なかなか現実はうまくいきません。

そんなときに、禅では、まずは自分自身もその上司をしっかりと評価しているかを問います。

生理的に受け付けないとか嫌な部分のみを見るなどの自分勝手な物差しではなく、偏見や先入観をなくしたフラットな状態で、上司を見ることができているかを考えてみましょう。

あるお寺のお檀家さんの話ですが、お嫁さんが義理の両親から嫌味ばかり言われるという相談を受けたそうです。

その際に、お寺の和尚さんが「嫌な部分だけではなく、良い部分も探してみては？」とアドバイスをしました。

すると後日、お嫁さんが和尚さんに、お姑さんの煮物の料理が美味しかったという話をふとしたとのこと。

そして、今度は和尚さんが、お姑さんがお寺に来た際に、お嫁さんが料理を褒めていたことを何気なく伝えると、少しほほ笑んで、お嫁さんに優しく接するようになったそうです。


人間関係とは不思議なもので、自分がきらっているとその気持ちはおのずと伝わり、相手も自分をきらうようになってしまいます。

逆に、自分がその相手に好感を抱いていると、相手も自分にたいして悪い印象は抱かないものです。

上司が自分を評価してくれないのであれば、逆に自分は上司を評価しているかを一度見つめてみましょう。

仏教に限らず、東洋的な考え方は「心身は一如《いちにょ》である」と説きます。要するに、「心と体は一つであり、一体となっている」という教えです。

自分の心に不満を抱えていると、それはおのずと行動や態度に表れます。心がイライラしていると行動もイライラして、物事がうまくいかなくなるのと同様です。

上司に悪い印象ばかりを抱いていると、その悪いイメージが行動にも表れて、おのずと上司にも伝わってしまい悪循環が起こります。

相手の負の感情にたいして自分も負で向き合うのではなく、それを正の感情で上から包み込むぐらいの度量が大切です。

仏教では「相手は自分の鏡である」とも説きます。

お寺の和尚さんの顔は、そのお寺のご本尊さまの顔に似てくると言います。

長年連れ添った夫婦は、顔立ちや表情もお互いに似てくると言います。

心は通じ合うからこそ、相手から良く思われたいのであれば、まずは自分が相手を良く思うこと。

偏見や先入観を捨てて、まっさらな状態で心の風呂敷を広げることが、上司との関係性の解決につながるのです。

有言不実行な上司と接することも、とてもストレスの感じることです。仏教でも、言行一致たる日常を大切にしているので、そのような上司は困ったものです。ただし、それに引きずられて自分自身がストレスを抱えたままでは、つらい苦しみが続きます。

人を変えることは容易ではなく、上司であればそれは尚更なので、反面教師と思って自分はそうならないように心がけてみましょう。

何より、自分の過ちは自分で気づくしかありません。

禅の世界でも、師匠が弟子を導いていく様子をさまざまな形で伝えていますが、師匠はあくまで気づきのきっかけを与えるのみで、最後は弟子自身が自ら気づくしかありません。また、それらのエピソードを見て、我々学ぶ側も同じようにするのではなく、それぞれの場面で自ら気づきを得ていくしかありません。

自分の過ちは自分で気づかなければならないからこそ、仏教では「懺悔して自らを顧みること」をとても大切にしているのです。

出家の儀式の際や、戒名と呼ばれる仏弟子となる際には、かならず懺悔をして、自分の犯した罪を顧みることを行います。

知らないうちに人を傷つけていたり、生きるために動物の命を殺《あや》めたりと、まったく罪を犯すことなく生きられる人などいません。

そのため、自らの過ちには、自分自身で気づいてもらうしかないのです。

逆に言えば、上司の嫌な部分を見つけられている時点で、自分自身は懺悔の機会をいただけています。

「自分は人にたいして、同じように接していないのか」
「私は部下にたいして、有言不実行ではないか」
「誰かにたいして冷たく接して、嫌な思いをさせていないか」

それを見つめる機会を得られただけでも、仏教的には大きな意味のあることです。

坐禅体験の参加者から、なかなか集中することができなかったという感想もよく聞きます。

言われてみれば、いきなり坐禅を体験して、集中して坐れるほうが珍しいです。

雑念が湧いて集中できないというのは、坐禅でよくある悩みですが、実は禅では「まずそれに気づくこと」が大事な一歩であると説いています。

自分は、「今こんないろんなことを考えていたのか」「こんなに悩みを抱えていたのか」と気づくことが、自身を知る上でもとても大切なことなのです。

禅は常に自分を見つめます。

悩みや苦しみ、不平や不満が生じたときにも、まずは自分も同じようになっていないかを見つめることが大切です。

そして、このような「見方」ができれば、嫌な上司も少しは自分の成長の糧となる「味方」と捉えることができるのではないでしょうか。

食べ物においても、甘味を際立たせるには、塩味も欠かせません。

私は甘いものが大好きですが、チョコレートにあえて塩を混ぜることで、その甘味が増してより美味しくなるお菓子もたくさんあります。

一見すると甘味と対称にあるものを添えることで、その甘味をさらに増幅させることができる。

人生や職場も同じように、自分の仕事をより美味しくするために、あえて嫌味な上司がいてくれるのかもしれません。

お釈迦さまも苦行を経験することで、悟りの世界にたどり着きました。

泥水の中に根を張るからこそ、蓮は綺麗な白い花を咲かせることができます。さらに、蓮の根自身も、とても美味しい味を含んでいます。

嫌味な上司がいるからこそ、自分自身は輝ける。

面白い人生には、ある程度の辛味や苦味が実は必要なのかもしれません。

# 5-5

なぜ働かなければいけないのですか？

自分の好きなことを仕事にしてもいいですか？

▼

## 一日をまっとうするために働いていく。その結果として報酬はおのずとついてくる！

<一日作さざれば、一日食らわず>

仕事で挫折を味わったり、つらいことがあった際に、誰しも働く理由を一度は考えたことがあるように思います。

つらい仕事をせずに、自由気ままに過ごすことができたら……。

ＦＩＲＥという言葉も流行している通り、経済的に自立して早期退職を目指すライフスタイルに憧れる人も増えています。

そもそも人は、なぜ働かなければいけないのでしょうか。

仏教では「働く」ことを、「傍《はた》を楽《らく》にする」もしくは「端《はた》を楽にする」という意味を含ませて「傍《はた》（端《はた》）楽《らく》」と表したりします。

要するに、傍の人を楽にするために働く。

大事な人や家族、同僚や仲間など、自分の周りの人を楽に、楽しくするために自分は働いていると考えると、少し自分の心が楽になるように思います。

そもそもおそらく最初は、自分のために働き始めるのではないでしょうか。

私も学生時代にアルバイトを始めたのは、お金が欲しかったから。そして、そのお金が欲しかった理由も、自分が欲しいものを手に入れるためでした。

そのため、最初は「自分のために働く」のが、働くことの原点です。


しかしながら、仕事を続けていくうちに、自分だけのために働いていると、行き詰ってどうしようもなくなったり、つらくて苦しい状況に陥ってしまうことが少なからずあります。

そんなときに、ふと周りを見渡して、自分のためだけではなくて、周囲の人のために自分は働いていると考えると、少し心が温まって、働くことのつらさも緩和されます。

自分のためだけではなく、周りの人たちの幸せも願うことであるというのが、仏教の働くことに対する考え方の一つなのです。


また、禅の教えには、もう少し仕事に対する深い考え方があります。

中国が唐の時代に、百丈《ひゃくじょう》懐《え》海《かい》禅師という禅の僧侶がいました。

百丈禅師の下には多くの修行僧もいましたが、彼は晩年に到るまで、常に懸命に畑仕事などの作務をしていました。

高齢にも関わらず仕事を続けるので、弟子たちが師匠を気遣って、ある時作務の道具を隠してしまいました。

すると、百丈禅師は食事を一切とらなくなりました。

弟子がその理由を尋ねると、その答えが「一日《いちじつ》作さ《な》ざれば、一日《いちじつ》食らわ《く》ず」という言葉でした。

これも禅問答の一つなので、自分なりの意味を探ることにも面白みがあります。

ここでは私の見解になりますが、これは「仕事をしない者は食うべからず」という意味ではありません。

百丈禅師は仕事に対する報酬といったビジネス的な要素で言ったのではなく、仕事をしなかった自分にたいして、自らご飯を食べないという戒めの意味が含まれているのです。

要するに、自分は今日成すべきことを成していないから、ご飯をいただくわけにはいかない、という強い自戒の念の表れで、自らの意志で食べないわけです。

仕事は大変かもしれませんし、働くことはつらさも伴います。

けれども、本当に仕事がなくなり、時間を自由気ままに過ごすだけになってしまったら、その生活はおそらく三日で飽きてしまうでしょう。

私も右肘を手術するために入院した経験がありますが、術後5日間の入院生活は、仕事も何もすることができず、ただひたすらベッドの上にいるだけで大変苦痛に感じたのを覚えています。

人はいざ奪われると、今までの忙しい生活が恋しくなるものです。

それと同様に、仕事などのやるべきことがあるというのは実は幸せなことであり、それらを一つひとつまっとうしていくところに、私たちの心安らかな日常があるのです。

何かのために働くと、それが思い通りにいかなかったときに、つらく不満を感じます。

仕事はお金の対価と思うと、その対価を比較して、優劣にも悩んでしまいます。

そうではなく、一日をまっとうするために働いていく。その結果として、おのずと報酬はついてくる。

それぐらいの心持ちで働いてみると、なぜ働かなければならないのかという不安からも、少し解放されるのではないでしょうか。

インド独立の父であるマハトマ・ガンディーは「明日死ぬかのように生き、永遠に生きるかのように学べ」という言葉を残しました。

学びにも仕事にもゴールはありません。ここまでたどり行けば終わりというものではないのです。

何かを得るために働くのではなく、その瞬間をまっとうするために働いていくと、おのずとそれがルーティーンにもなって、心地よく生きることに通じてきます。「コスパ」や「タイパ」など、何かと対価ばかりを求める昨今だからこそ、ただ仕事をして、ただ生きていくことが、実はとても豊かな生き方につながるのです。

自分の好きなことが仕事になるのであれば、それはまさに理想的な働き方です。働く意味など考える必要はありませんし、好きなことを仕事にできている人は、本当に幸せです。

私も「努力は夢中を超えられない」という言葉が好きで、仏教でも「無我夢中《むがむちゅう》」という教えを大切にしています。

無我夢中に一心不乱に作業しているときは、まさにスポーツのゾーンに入ったような、幸福感を感じながら仕事ができます。

好きこそものの上手なれですので、好きなことを仕事にできているのであれば、迷わず突き進んで大丈夫でしょう。

ただし、好きなことを仕事にすると、好きなことがきらいになってしまうという意見も聞きます。

けれどもそれこそ、好きなことに対価を求めて、その評価を気にしてしまうから起こってしまうことです。

自分の特技を突き詰めたのに、これだけしか評価してもらえない。

好きなことを頑張ったのに、望んだ報酬を得られない。

それはすなわち、本当に好きなことを続けているのではなく、何かを得るために好きなことを利用しているにすぎません。

同時に、好きときらいは表裏一体です。好きの裏側には、必ずきらいがあります。たとえ好きなことを続けていたとしても、どうしても挫折をする瞬間はありますし、つらく苦しい期間も訪れます。

それらもすべてひっくるめて、心から好きでいられるかどうか。

それがまさに、好きなことを仕事にできているかどうかです。

仏教では「誓願《せいがん》」といって、誓い願い続ける姿勢を大切にしています。

そして、その願いというのは一度起こすだけではなく、願い続けることが大事であると説きます。

好きなことを仕事にして、さらに好きな気持ちを絶えず起こし続けること。それがなければ、いくら好きなことであっても、続けることはできません。

ぜひとも、そんな無我夢中な状態を目指して、当たり前の仕事を楽しんでいきましょう。

# 5-6

仕事を決めるときに、
つい年収が多いかどうかを見てしまいます。
何を基準に仕事を決めればいいですか？

▼

**年収でモチベーションが上がるなら、
それでいい。
今の自分の心に正直に生きる！**

<今、ここ、私>

年収は数字で表されるのでとてもわかりやすく、日本は資本主義なので、年収を基準に仕事を決めるのは理にかなっています。

そのため、年収が増えることで仕事のモチベーションが上がり、幸福感を得られるのであれば、大いに年収を見て仕事を決めていいでしょう。

実際に年収が上がると、人の幸福度も上がるという研究データも出ています。

ただし、年収だけによる幸福度の上昇にも限界があるとともに、働いていくうちに仕事にやりがいを求めたり、キャリアアップやライフワークバランスを考えるようにもなります。

仏教の「諸行無常《しょぎょうむじょう》」の教えにもある通り、常に一定なものはありません。人の価値観も変化し続けるからこそ、仕事に対する考え方も変わり続けます。

そのため、仕事にたいして何を重視するかは、そのときの自分自身の立場や状況によって変わってくるので、臨機応変に自分の心に正直に向き合うことが一番大切です。

私の場合は、最初はお寺の仕事を決して喜んで選べませんでした。

お寺で生まれた身なので、半ば強制的に敷かれたレールが嫌でしたし、学生時代は僧侶になることに抵抗感を感じていました。

学生時代にさまざまなアルバイトも経験し、その際は時給で決めたり、やりたいことをやってみたりといろいろと試してみました。

そんな中でも、僧侶という仕事にたいしては、まったく前向きにはなれませんでした。

しかしながら、お寺の長男で兄弟も姉一人なので、私がお寺を継ぐしかないことから、当初は嫌々ですが僧侶の道を進みました。

大学を卒業後に改めて仏教系の大学へ専門課程を学びに行き、その後修行道場で三年ほど過ごしました。石の上にも三年ということで、とりあえず三年続けていたにすぎません。

けれども、その嫌な道を歩んでいるうちに、改めてその面白さに気づくことがあります。

私も最初は嫌々だった仏教の道が、改めて正直に向き合って、しっかりと学び直し、修行生活を体験していくうちに、仏教の教えに助けられ、禅を好きになりました。

今では一人でも多くの人に大好きな禅を知ってもらいたいという思いから、布教活動も続けているので、人の心というのは魔訶不思議なものです。

年収を基準に選んでも、やりがいを基準に選んでも、傍から見てかっこいい憧れの職業を選んだとしても、必ず失敗や挫折は訪れます。

常なるものはなく、仕事の環境も自分の考え方も変化し続けるからこそ、臨機応変に対応する柔軟な心が必要不可欠です。

「柔軟心《にゅうなんしん》」ともいいますが、禅では「水」と「氷」になぞらえて、「水のような心」を大切にしています。

氷は冷たく硬くて、柔軟性がありません。コップなどの容器に入れる際も、容器より大きいと氷は入らないため、融通も効きません。さらに容器に収まったとしても、その硬さから容器を傷つけたり、氷自身が欠けてしまうこともあります。

それにたいして水は、温かく柔らかくて、柔軟性があります。コップなどの容器の形に合わせて、自分自身が自由自在に変化して、どんな形にも収まります。さらに、相手を傷つけることもなく、水は生き物の命も育みます。

そのため、この水のようにどんな状況においても、縦横無尽に適応できて、凝り固まっていない心を禅では大切にしています。

同時に、水と氷は同じ$H_2O$で構成されており、その状態に違いがあるだけです。

そのため、氷の元は水であり、水もいつでも氷に成り得るわけです。

最初は水の状態であったはずなのに、環境が冷たすぎるせいで凍ってしまうこともあります。ふと気づいたときには、氷のように頑固になって、相手を傷つけてしまっているかもしれません。

だからこそ、禅では自分を見つめることを常に怠らないことを重要としています。

仕事に対する考え方も、その時の自分の年齢や環境などの状況によって常に変化していきます。

そこで一番怖いのは、一つの凝り固まった考えに縛られること。

「自分は○○でなければならない！」「これはポリシーだから！」「この仕事はこうあるべきだ！」と、一つの考え方に固執してしまうと、自分を苦しめることになります。

仕事に対する凝り固まった考え方から解放されたときに、私たちはどんな状況においても、心地よく仕事と向き合うことができるようになるのです。

禅には「即今《そっこん》・当処《とうしょ》・自己《じこ》」という教えもあります。「今・ここ・私」とも訳されますが、これを仕事に当てはめると、

「今やれることは、今やりましょう」

「ここでやれることは、ここでやりましょう」

「私がやれることは、私がやりましょう」


となります。


私たちはどうしても、目の前の仕事を後回しにしたり、別の機会に回してみたり、他の誰かへ人任せにしてしまうことがあります。

たとえば目の前にゴミが落ちていたとして、明日やればいいだろう、誰かが拾ってくれるだろうと、怠け心が目に見えて表れてくるのが、掃除です。

いま、ここで、私ができること。それを突き詰めた先に、自分の仕事の本当の意味が見

えてくるのではないでしょうか。

また、やるべきことがあるというのは、とても幸せなことです。

どうしても、仕事を続けていると、仕事があって当たり前となり、その仕事の不平不満や、ないものねだりをしてしまいます。

けれども、たとえばコロナ禍では、会社に行けず、直接顔を合わせて仕事をすることもできなくなり、お客さまと会って営業を進める術《すべ》も失いました。

当たり前の仕事がなくなると、それまであった当たり前の仕事は当たり前ではなく、有難く感謝すべきものであったことに気づかされます。

さらに、家事は仕事以上に大変なことで、いくら家事をしっかりとこなしても報酬やお金は貰えません。

家事にはゴールもないですし、どれだけご飯をつくってもお腹は空くし、洗濯をしても服はまた汚れるし、サボろうと思ったらどれだけでもサボれてしまいます。

けれども、そこにしっかりと意味を見出して、自分がやるべきことをまっとうすることで、自分の生活に活力が生まれます。

心と体は一つなので、行動と心も一つです。

そのため、行動をととのえれば、心も必ずととのってきます。

家事をきちんと行えば、自分の心がきちんと律されます。部屋を綺麗にすれば、自分の心も綺麗になります。仕事を丁寧に行えば、心もスッキリと健やかになってきます。

仕事は自分の生活を豊かにしてくれるとともに、自分の心も豊かにしてくれる大切な要素の一つなのです。

# おわりに

さまざまな人の悩みや質問を受けていると、改めて感じるのは「誰しも何かしらの苦しみや痛みを抱えて生きている」ということです。

どんなに輝いて見える人も、各業界で活躍している人も、キラキラして見える人だって、何かしらの「しんどさ」を抱えて生きている。隣のあの人だって何かに苦しんでいて、しんどいのは自分だけではない。

そう思えると、人に優しくなれたり、困っている人に手を差し伸べられたり、しんどい自分自身も少し救われる気持ちになるのではないでしょうか。

これを仏教の大前提として説いたのが、お釈迦さまの「一切皆苦《いっさいかいく》」という教えで、「この世のすべては苦しみで満ちており、人生は思い通りにならない」というこの世界の真理を教えたものです。

本書の各項目にも書いたとおり、人は誰しもさまざまな悩みや苦しみを抱えながら生きています。

それは今の時代であっても、またお釈迦さまが生きていた約2500年前であっても変わらない、人間が生きる上での真実です。

だからこそ、お釈迦さまは、それぞれの人の悩みにあわせる形で、その解決法を各々に説きました。これが「対機説法《たいきせっぽう》」といわれるもので、仏教や禅が人に寄り添う宗教（教えとその実践）であることの由縁でもあります。

お釈迦さまは、最後の教えに「自分をよりどころにしなさい。仏教の教えをよりどころにしなさい」と説かれました。

悩みや苦しみといった「しんどさ」を受けるのも自分であれば、それを癒やし、解決してくれるのもまた自分です。人から解決するためのアドバイスを受けることはできます。しかし、それを納得し、行動して最終的に安心を得るのは自分にしかできないのです。

だからこそ、本書を参考に、少しでも自分自身でしんどさを癒やしながら、この生きづらい世の中を、共に精一杯生きていただけたらと思います。

「はじめに」に書いた通り、必ず私たちには、不安になっても自分の力で立ち上がることのできる「仏の心」があります。

どうかその仏心を信じて、誰もが抱えているしんどさと向き合いながら、自らの人生を楽しく存分に味わっていきましょう。

最後に、本書を出版するにあたり、プロデュースをしてくださった川田修さま。私のわがままに最後まで付き合ってくださった出版社の林定昭さま。推奨コメントをくださった露の団姫さま。そして最後まで本書に付き合ってくださった読者のみなさま。すべてのご縁に深く感謝を申し上げ、おわりにさせていただきます。

誠にありがとうございました。

泰丘良玄

著者プロフィール

## 泰丘良玄（やすおか りょうげん）

1983年生まれ。愛知県出身。

臨済宗妙心寺派泰岳寺住職。

慶應義塾大学理工学部情報工学科卒業。

花園大学文学部国際禅学科卒業。

愛知県名古屋市にある臨済宗妙心寺派徳源寺専門道場にて禅修行。

臨済宗妙心寺派布教師。（公社）春日井青年会議所 理事長（2021年度）。

僧侶として社会に何ができるのかについて常に考え、講演会や研修会、ブログ等を通して「日常に活きる仏教や禅の教え」を発信している。

お寺では、一般や企業向けの坐禅会や写経会なども行っている。

「第2回説法王」（2025年フジテレビ）。テレビ朝日系列「ぶっちゃけ寺」、フジテレビ系列「バイキング」、メ～テレ情報番組「ＵＰ！」、Tokyo FM、ZIP FM等のテレビやラジオや雑誌等にも多数出演、講演実績は200法人を超える。

著書に『理工学部卒のお坊さんが教えてくれた、こころが晴れる禅ことば』『お坊さんの修行に学ぶていねいな生き方、暮らし方』（いずれも学研プラス）、『人生はブレていい。正しい罪悪感のはぎとり方』（ワニブックス）、『身の回りには奇跡がいっぱい！ 一日一禅』（セルバ出版）がある。

装　幀　　冨澤 崇（EBranch）
本文デザイン　EBranch
イラスト　こばやしまさと
企画編集協力　川田 修

# しんどさの癒《い》やし方《かた》
## ～不安《ふあん》になったらいちばん最初《さいしょ》に読《よ》む本《ほん》～

2025年　4月27日　第1刷発行

著　者　泰丘良玄《やすおかりょうげん》
発行者　林　定昭
発行所　アルソス株式会社
〒203-0013
東京都東久留米市新川町2-8-16
電話　042-420-5812（代表）
https://alsos.co.jp
印刷所　株式会社 光邦


ISBN 978-4-910512-28-0 C0095